グッバイ公務員

～チャンスの扉～

U

はじめに

「好きなことを仕事にして生きていきたい」と伝えると、「仕事は楽しいものじゃないし、それでメシが食えるのか？」と言う人がいます。

あなたがこの本を読んでいる今も、日本のどこかで世代や立場を超えてこういった言葉を呪文のように子どもに浴びせている人がいるかもしれません。そしてあなた自身も過去に周囲の無理解な態度や言葉で自信を無くし、夢に向かって挑戦することを諦めた経験があるのではないでしょうか。

なぜ大人は子どもを信じて挑戦させられないのか

さすがに「子どもに勉強させて苦しめてやる！」という大人はいないでしょう。

「それでメシが食えるのか？」と言ってくる大人も、これまで生きてきた中でいろんな人からこういった言葉を浴びせられ、自分の冒険心を抑え込み、勉強に時間と労力を注いできたのではないでしょうか。また、世間でいう、「社会のレール」に乗った経験から、**「大学に進学させて安定した企業や役所に入らせることがこの子のためになる」**と信じ込み、「それでメシが食えるのか?」と言ってしまっているのです。なぜなら、価値観は過去の経験から作られるからです。

この**「負のサイクル」**によって今も大人が子どもから、夢に向かって挑戦する機会や自主性を奪っているのではないでしょうか。

詳しくは後でお話ししますが、子どもの頃をふりかえってみると、ぼくは公務員を目指すような子どもではありませんでした。なぜなら、小学生時代の主な栄養源は『週刊少年ジャンプ』と『ドラゴンクエスト』で、中学からはロックバンドの活動に没頭していた学生だったからです。

学校生活では**「点をとるための勉強」**が苦手だったので、大学受験に二度失敗した時、「自分は勉強ができないから他の道で生きていくしかない」と思っていました。結局は親の願いもあり、公務員試験対策の専門学校に進学し、毎朝6時に家を出て終電まで勉強詰めの日々を送り、なんとか公務員になることができました。

しかし、この本の『**グッバイ公務員**』というタイトルからおわかりの通り、２０１８年3月末をもって公務員を退職しました。

ぼくが「退職する」と言った時の周りの反応は、

「もったいない……定年まで働けるのに辞めるなんてバカか？」
「これからどうするんだ？メシは食べていけるのか？」

35歳、2児の父ですから、周りからするととても理解ができない行動だったのでしょう。「応援してるよ、何かあったら力になるから！」と言ってくれたのは**１００人中１人**

でした。

今の日本社会では、民間企業の終身雇用はすでに崩れ去り、「これからはあらゆる仕事がＡＩやロボットに奪われていく」と言われています。そんな不安定な時代のためか、「親が子どもに就かせたい仕事ベスト3」(『小学一年生』(小学館)2016年調べ)という調査の結果を見ると、男女ともに「公務員」がランクイン。**「この不安定な時代に公務員を自ら退職するのはバカだ！」**と思われても仕方ないのかもしれません。

そんなぼくがこの本であなたに伝えたいこと

公務員を退職する前後にぼくのTwitterのＤＭには約１００通の応援や相談メッセージが届きました。

ぼくが公務員試験を受けていた15年前もそうでしたが、「公務員」についての情報を得ることが難しいのです。その相談を受けて、本書は次の４章で構成しています。

第1章　「ぼくが公務員になるまでのこと」
第2章　「14年間公務員として働いて感じたこと」
第3章　「公務員を退職した理由」
第4章　「公務員退職後に挑戦すること」

今の時代はSNSがあり、誰もが発信者になれることや、テクノロジーの発達と普及によって、働き方やライフスタイルに対する人々の価値観が多様化しています。

「好きなことを仕事にして生きていきたいけど、現実的に考えると安定している公務員や企業に就職にした方が良いのかな……」

「公務員になるのを勧められるけど、公務員のことをよく知らないし、教えてくれる人がいなくて困っている」

そんなふうに感じているあなたに、公務員のポジティブな面とネガティブな面との両面を知ってもらった上で、納得して公務員を目指すのか、それとも別の道に進むのかを検討していただければ幸いです。

また、「公務員として働いているもののやりがいが感じられず、退職したいけど辞める勇気がない……」という人もいると思います。そんなあなたの参考にしていただければと思っています。

ぼくの公務員退職後の目標は、誰もが自分の人生を自分で決定していける社会にすること

この目標を見て、どう感じましたか？
「あまりにも普通な目標じゃないか」と思われましたか？
しかし今、この普通のことができている人はどれだけいるでしょうか？
この目標を達成するためには、

・自分のやりたいことを自分で理解すること

・夢に向かって挑戦する人を支える文化をつくること
最低でもこれら2つの課題をクリアする必要があります。
これらをどんなふうにクリアしていくかは、第4章で具体的にお話します。

人生は一度きりです。
その主役は他の誰でもなく、自分自身。
「なんとなくした選択」で時間を無駄にしてほしくありません。

この本が、あなたにとってこれから始まる「冒険の旅」の第一歩を踏み出すきっかけになることを心から願っています。

2018年9月

HARU

CONTENTS

第3章　公務員を退職した理由

CONTENTS

第1章　ぼくが公務員になるまでのこと

誰もが好きなことに没頭できる力を持っている

今から26年ほど前のことです。

小学4年生のぼくは、毎週月曜日の放課後に学校から走って15分ほどの場所にある近所のスーパーで欠かさず買っていたものがあります。

それは、『**週刊少年ジャンプ**』です。

この当時の『ジャンプ』は、『ドラゴンボール』や『幽☆遊☆白書』、そしてぼくが最も影響を受けた大人気バスケットボール漫画の『スラムダンク』など、名作だらけ。

親は自営業で忙しく、特に教育熱心でもなかったので、小学生の頃は「勉強しろ！」と言われた記憶はありません。おばあちゃんっ子だったぼくは、祖母からもらったお小遣いを全て漫画に費やし、その世界観を楽しんでいました。

人口3万6000人ほど（平成30年1月末現在では2万6452人）の奈良県御所市《ごせし》というまちの中で暮らしていたぼくは、あるゲームにもハマります。

それは、魔王を倒すために「パーティ」といわれるチームを組んで、山を越え、海を渡りながらモンスターを倒して経験値を積み、成長しながら冒険を繰り広げるＲＰＧゲームの王道、**『ドラゴンクエスト』**でした。

当時は、今のようにインターネットもＳＮＳもない時代。

海どころか自分の住む街以外の情報ですら満足に知ることができません。出会えるのは学校の同級生や先生ぐらい。学校の同級生と自分を比べてみても、多くは横並びで能力に大差はありません。しかし、ゲームの中の戦士や魔法使いには、明確な特技や役割があり、力を合わせながらストーリーを進めていく姿に感動していました。自由度の低い子ども時代とゲームの世界観のギャップには、大ヒットする要素がたくさん詰め込まれていたのです。

ぼくの場合は漫画と『ドラクエ』でしたが、子どもは「自分が好きなこと」には、時間を忘れて没頭することができます。「没頭する対象」は子どもによって違っていて、漫画の絵を書くのが楽しくて仕方ない子どももいれば、プラモデルを組み立てるのが楽しい子どももいるなど様々でしょう。

しかし、これらの「エンタメ」に没頭する子どもの姿は、社会で仕事をしてお金を稼いでいる大人からすると「遊び」であり、「ラクなこと」に見えてしまいます。

ぼくも、「起きてから寝るまで休憩なしで『ドラゴンボール』を読んだ！」と言っても、「そんなに読めてすごいな！」と認めてもらえた経験はありません。むしろ「漫画ばっかり読んでたらアホな大人になるぞ」と笑いながら言われるのがオチでした。

この時から26年が経ち、「好きなことで、生きていく」がキャッチコピーのユーチューバーという職業が誕生し、メイク動画や商品紹介、ゲーム実況を配信して人気を集め、広告や企業案件で収益を得ている人がいます。

魚類学者のさかなクンも魚の勉強とイラストを書くことに没頭した結果、東京海洋大学の名誉博士として活動をされています。

もし、「魚に詳しいだけで食べていけるの？」とか「イラスト書くのはもうやめなさい！」と言われていたら今のさかなクンの姿は無かったかもしれません。

もちろん、全ての人に「学校の勉強をせずに好きなことに没頭した方が良い」と言っているわけではありません。

「社会のレールに乗れないのはダメなやつだ」という画一的な価値観から、「あなたはそれが好きなんだね、得意なんだね、そっちの道でがんばれば良いんじゃない？」という多様性を受け入れる姿勢が必要だということを伝えたいのです。

あなたは子どもの頃、どんなことに没頭していましたか？

それでお金を稼ぎ、メシが食えるかどうかを念頭に置いて考えれば、誰もが好きなことに没頭する力を持っているのです。

人生を豊かにするエンターテイメントのチカラ

子どもが「何か新しいことを始めよう」と思う大きなきっかけになるのが、**漫画やアニメ**ではないでしょうか。

小学4年生のぼくも例外ではなく、『スラムダンク』の影響を受けてバスケットボールを始めました。

同級生に、ぼくの初恋相手だった「晴子ちゃん（仮名）」という女子がいました。たまたま「晴子ちゃん」もバスケ少女だったので、ぼくは「もっとバスケがうまくなってカッコいいところを見せられたら好きになってもらえるかもしれない！」と超単細胞的思考の純粋な少年（自称）なりに淡い恋心を抱いていました。その気持ちはまるで『スラムダンク』の主人公、桜木花道のようでした。

サッカーやドッジボールは、公園や広場でボールさえあれば試合形式で楽しむことができますが、バスケの場合はゴールが必要なので、学校の校庭しか場所がありません。

メンバーを集めるのにも苦労していましたが、朝授業が始まる前の時間や、給食を5分ほどで食べ終えた後の昼休み、そして放課後に3、4人でワイワイと楽しんでました。すると、「俺らもまぜて！」と新しいメンバーが参加し、5対5の試合形式で練習することができるようになり、とても嬉しかったことを覚えています。

しかし、それだけでは飽き足らず、休日もシュートの練習ができるように「家でもシュートの練習がしたいからゴールをつけて！」と父にお願いし、家の外の柱にゴールをつけてもらうほどでした。

小学5年生になってからは学校のクラブ活動でバスケ部に入部。1学年上にバスケのうまい「赤木先輩（仮名）」がいて、背は低いものの、ハンサムで足が速く、ドリブルやシュートもうまいので当然モテます。「晴子ちゃん」も「赤木先輩」のプレイに深くシビれていました。

「晴子ちゃん」のことを好きなぼくからすると、これほどおもしろくないことはありません。そこで、同級生で仲の良かった「宮城くん（仮名）」に、「俺ら2人なら赤木先輩に負けへんし、晴子ちゃんに良いところを見せたいから協力して！」とお願いしました。

「宮城くん」はドリブルとパスが得意で、ぼくはシュートとブロックが得意。さすがの「赤木先輩」も「宮城くん」とぼくのゴールデンコンビには敵いませんでした。

ぼくはこの時、『ドラクエ』のパーティのように**メンバーそれぞれの特技をかけ合わせてプレイすることの大切さと楽しさ**を実感しました。

「赤木先輩」を打ち負かし、「晴子ちゃん」から「一緒に帰ろうか？」と誘われることもありました。下校中の会話の内容は「この前のクレヨンしんちゃんおもしろかったね」という平和な内容でしたが、試合中の胸のドキドキよりも強い鼓動を感じていました。

ある日「宮城くん」から「紙に願いを書いて枕の中に入れて眠ると夢の中でその願いが叶うらしい！」と教えてもらったぼくは、まず紙に「晴子ちゃんとお風呂に入りたい！」と書きました。

そしてそれを枕の中に入れて眠りにつくと、驚くべきことに夢の中で「晴子ちゃん」とお風呂に入ることができたのです。

次の日に学校で「晴子ちゃん」と会った時、恥ずかしくて目を合わすことができませんでした。「弱ったな」と髪をクシャっとしたその時、自分が超重要な「ミッション」を忘れていたことに気づきました。

終礼後、一目散に家に向かいます。

「どうか…間に合ってくれ！」

猛ダッシュで走り、10分ほどで帰宅。

階段を駆け上がり、2階の自分の部屋のドアを空けた瞬間、ぼくは膝から崩れ落ちました。

「ま、間に合わへんかったぁあああ！」

ぼくの勉強机の上に1枚の紙が置かれていました。

そこに書かれていたのは、

「晴子ちゃんとお風呂に入りたい！」


掃除をしてくれた母に見られたのです。

その日の夕食時の気まずさと冷たい視線は未だに忘れられません。なぜ母親はそういう〝息子の恥ずかしいもの〟を見つけたら勉強机の上に置くんでしょうか？「私、見たからね」という「ＬＩＮＥ」の「既読」のような時代の先取り行動でしょうか？現代風にいうと、「できたらそこは〝未読スルー〟でお願いします！」です。

話が大きくそれましたが、これらの経験を通して、**漫画やゲームをはじめとした「エンターテイメント」は子どもに大きな影響を与え、可能性を広げるもの**だと信じています。

必ずしも、それでメシが食えないものではないのです。

子どもの没頭力を奪う「強制」と「禁止」

「お前のシュートの打ち方はアカン！」

そう大声で怒鳴ってきたのは、中学バスケ部顧問の「高西先生（仮名）」でした。

中学に進学したぼくは、2年以上続けてきたバスケにもっと没頭したいと思い、バスケ部に入部。入部3日目の朝練の出来事でした。

ぼくは独学でしかバスケをした経験がありませんでしたが、シュートを決められる自信があり、「高西先生」のこの（偉そうなもの言いでの）指摘を素直に受け入れられず、次のように返事しました。

「うるさいねん…ゴールに入ればええやろ」

「高西先生」からすると、

「なんだこの生意気な新入生は！」と感じたことでしょう。

「高西先生」と会うのはこの日でまだ3日目。信頼形成ができていない中で怒鳴りながら指摘してくることに腹が立ち、うまくコミュニケーションをとることができません。

高西先生「もっと手首のスナップをきかせて投げなアカン！」

ぼく「関係ないて…好きにやらせろや、うるさいねん」

高西先生「なんやその口の利き方は！」

「このオッサン何言ってんねん、口の利き方とバスケは関係ないやろ」と思い、ぼくは我慢の限界に達しました。

「やかましいのはお前の声やろ！　おもろくないから辞めるわ！」

この言葉を残してぼくは体育館を去りました。この瞬間、2年以上続けてきたバスケ生活があっけなく終了したのです。

「そんな簡単に辞めるなんて我慢が足りない」
「そんなにバスケが好きなら我慢できただろう」

と思う人もいるでしょう。

しかし、ぼくはその考えに違和感を抱きます。なぜ生徒は教師に怒鳴られながらも我慢しないといけないのでしょうか。

「学校はそういうところだし、我慢して当たり前」という価値観が子どもの没頭力や自主性を奪ってしまうこともあるのではないでしょうか。

ぼくが中学生だった今から23年ほど前は、「体罰も場合によっては仕方ない」という価値観もまだありました。もちろん怒鳴ることなく親身にコミュニケーションをとってくれる先生もいましたが、「これはこうするもんや!」と**強制**したり「そんなことしたらアカン!」と**禁止**してくる教師が多かった実感があります。

やりたくないのにやらないといけない。
やりたいのにやったらダメ。
みんなと同じようにできない生徒はダメな生徒。

今の時代は、多様性を認め合い、お互いの強みをかけ合わせ、チームで結果を出していく働き方が求められています。**「学校の常識」も時代に合わせてアップデートが必要だと思いませんか?**

この「高西先生」の件で、ぼくは大好きなバスケを辞めましたが、バスケ部から去るのは生徒で、顧問は去りません。

教師と生徒の関係は、教師が圧倒的に有利な上下関係。簡単に上からモノを言えてしまいます。

子どもの没頭力と自主性を簡単に奪う力を持っているからこそ、教師には生徒と目線の高さを合わせて話をしてあげてほしいと願っています。

一目置かれるには好きなことに没頭するのみ

ぼくは「点をとるための勉強」が苦手で、高校受験時の偏差値は40台前半でした。

バスケ以外の運動も苦手で、泳げない、跳び箱も飛べない、鉄棒の逆上がりも倒立もできませんでしたし、図画工作や美術の授業でも「お前はセンスが無い」と先生から言われていました。

今でこそこの本を書いていますが、小学生の時は作文も思うように書けず、起立して読んでいる時にクラスメイトが「意味わからんねんけど…（クスクス）」と言っているのが聞こえて、途中で読むことができなくなり、先生から「もういいから座れ」と言われるような子どもでした。

しかし、学生の頃、唯一認められていた特技があります。

それは、楽器の「エレキベース」でした。中学のバスケ部を辞めた後に、同級生のユウキから**「やることないならバンドやろうぜ！」**と誘われたことがきっかけです。

ユウキは両親が小学校の先生だった影響で、幼い頃からピアノ教室に通っていて、小学校の卒業式では松任谷由実の名曲、「春よ、来い」を伴奏することができるほどの腕前でした。

そんな彼なので、ギターを初めて3ヶ月ほど練習するとロックバンドのB'zの曲も弾けるようになっていました。

その姿がかっこ良くて、ぼくも親にエレキギターを買ってもらいました。

新品のギターをケースから取り出し、左手の指で弦をおさえようとしてもいうことをききません。次に、右手でピックを持って弦を弾いても聞くに耐えない、まるで「風呂の中でこいた屁」のような音がアンプから「ポワン」と出るのみ。3ヶ月毎日練習しましたが、全く上達せずギターは部屋のオブジェと化しました。

ある日ユウキに「お前みたいにセンスがないからうまく弾かれへんわ」と言ったら、彼はこう答えました。

「お前、指長いんやからベース弾いたら? ちょっとこの曲聴いてみて」

その曲は、ロックバンドL'Arc~en~Cielの『Lies and Truth』という曲でした。冒頭のサビが終わった後、イントロに入るベースのフレーズとその低音が、まるで**「ドラゴンボールの主人公の孫悟空を巻き込みながらも見事にラディッツにトドメを刺したピッコロの魔貫光殺砲《まかんこうさっぽう》」**のようにぼくの胸を貫きました。

しかし、ギターを買ってもらったばかりのぼくが「今度はベースをやりたい」とお願いしても、買ってもらえるわけがありません。

そこで、部屋のオブジェと化していたギターの1弦と2弦をプチプチとペンチで切り、ベースと同じ構造にしました。

「ギターでベースの練習をすればええんや」

音程の低さや響きは違っても音符の長さやリズムの練習には全く影響はありません。練習しているうちに気づいたのは、ぼくのリズム感の良さです。CDの音を聴きながら、1小節ずつ練習していると、ギターと違い、弾ける楽しさを感じながら演奏に没頭。

それから2ヶ月ほど経った頃、両親が「毎日練習がんばってるしベース買うか」と言ってくれました。

実際にベースを手にしてみると、ユウキの言うとおり、ぼくは指が長かったので弾くのに苦労しません。自分が上達するにつれて、「ユウキもこれぐらいギターを楽しく弾いてるから上達したんやな」と思えるようになりました。

才能よりも大事なことは、自分が時間を忘れて夢中になれるものにただただ没頭することです。そうしていれば、経験値が増して「え、そんなに弾けるの？　すげえ！」と、周りから一目置かれるようになります。

特に文化祭の日は、学校のロックスター。

スポットライトの下で、他の生徒にできないことができたのです。

・大人が上下関係でモノを言ってくること
・周囲と比較されること
・学校のルールで強制や禁止をされること

これらに対して、**「ふざけんなよ」**という気持ちを、ロックバンド「黒夢」の『Like@Angel』という曲に乗せ、全力で演奏。会場にいた教師と生徒へぼくらの爆音が鳴り響いたのです。どうですか？
とても「公務員に、俺はなる！」とは思えない子どもでしょ？

「受験」は、子どもの「没頭力」を奪う魔物

「お前、このままやと高校行かれへんから塾に行かなアカンわ」

ぼくが初めて「受験」を意識したのは中学2年生の時。

三者面談で担任の先生から「ぼくの壊滅的な成績」を知らされた母から「塾」に通うように勧められました。というのも、当時のぼくの成績は、**5段階評価でほぼ「2」**だったからです。

学校は『ごっつええ感じ』のネタで大笑いする場所だった

毎週日曜日の夜8時から放送していた『ダウンタウンのごっつええ感じ』が大好きで、特に松本人志さんが演じる「キャシィ塚本先生」を見て大笑いしていました。

「〇〇して、ドォォォォォオオオオン!!!!!」

松本さんは、そう叫びながら食べ物を投げて舞台セットを壊すという狂気じみたネタを披露。それをクラスメイトと一週間擦り倒すというのがルーチンになっていました。ぼくにとって中学校はそんな場所でした。

「近所に個人でやってはる塾があるからそこに行かへんか」

そう言ってくる母に、「心配をかけるのも悪いしな……」と感じ（なんで点をとるための勉強せなアカンねやろと感じながらも）、「わかった」と返事しました。

次の週の土曜日、昼ごはんを食べた後に母から月謝が入った茶封筒を受け取り家を出ました。家から徒歩5分ほどで、青い屋根の一軒家の前に着きました。

（ホンマ、おもしろくなさそうやなぁ）

そう思いながら2分くらいたったその時、聞き慣れた声であるクラスメイトが話しかけてきました。

「あれれー？　もしかして今日からここに通うの？　ぼくもここに通ってるんだ！」と話すしぐさはまるで、大人気国民的アニメ『ドラえもん』に登場するのび太くんのような同級生の「のび太くん（仮名）」です。

「ぼくも勉強嫌いだけど、この塾の先生は教え方が上手だよ！」

この言葉で少し心が軽くなり、「のび太くん」の先導のもと、一緒に玄関のドアを開けて家の中へ。

すると、家の外にあふれんばかりのカレーの匂いが漂っていました。それはまるで、**「毎日3食欠かさずカレー」**と思えるほどのカレー臭でした。

「ふぁぁあああ！」とあくびをしながら寝癖まみれのオッサン、奥田民生似の先生（以下「奥田先生」）が登場したので、茶封筒を渡し、「よろしくお願いします」とあいさつした後、「勉強部屋」へ移動。

「勉強部屋」は、8人分の学習机が入るほどの広さで、机はロの字型に組まれていました。「奥田先生」はそのロの字の中に入ってグルグルグルグル回転しながら教えるスタイル。生徒と目線の高さを対等にして上下関係を感じさせない人でした。

「キミは基礎をやってないから勉強がわからんねん、そらオモロくないわな」

そう言われハッと思い出したのが、小学校5年生の時と中学1年生の時の学級崩壊のことでした。

同級生が教師をしばいたり、授業中に問題を当てられても無視するという、めちゃくちゃな時期がありました。時効なので白状しますが、ぼくも授業中は教科書の中に漫画を挟み込んで「読書」をしていたので授業の内容は全く聞いていませんでした。

基礎から学び直し、3ヶ月ほど経った頃になんとか成績は向上。学校のテストや模試でも点を取れるようになり、大阪の私立高校に進学できました。

「これで当分、親や学校の先生から勉強せえってやかましく言われなくてすむわ」と思っていました。

受験は、「好きなことを我慢すること」をトレーニングさせるためにある

高校進学後は軽音楽部に入り、地元でバンド活動をしながら音楽三昧の日々を過ごしました。

高校2年生になる頃には、ライブハウスで全身に黒服をまとい、爪と唇を黒く塗り、髪

はスプレーで赤色に。演奏中は頭を振り回しながらベースを弾いていました。そのライブが終わった後、ユウキから衝撃の告白がありました。

「悪いけど、俺バンド抜けるわ」

脱退の主な理由は、**「大学受験」**でした。

この時、「バンドはメンバー同士の人生の交わりがないと、継続できないもの」だということを痛感したのです。

「てか、もう大学受験？？」

この言葉の意味は、※「ドラクエⅢの魔王バラモスを倒した後にまだ大魔王ゾーマがいることがわかった気持ち」に酷似していました。

好きなことを好きなだけやっても怒られないのは、小学校低学年ぐらいまで。

教育熱心でないぼくの親でさえ、世の中の状況を見ながら「今時大学に行っとかな、就職ができへんぞ！」と言ってくるくらいの不況だったこともあり、学生である自分自身も、「好きなことで生活していくのは無理なんやろうな」と思い始めていました。

周りには、**「どうしたらそれでメシが食えるかを一緒に考えよう！」**と言ってくれる人は皆無。

「社会のレールに乗らないと、この先大変だぞ！　苦労するぞ！」と言われているように感じていました。

＊ドラクエ
ドラゴンクエストの略称。エニックス（現スクウェア・エニックス）が発売するゲームソフト、またそのシリーズ。ロールプレイングゲーム。１９８６年５月発売。
（引用：『デジタル大辞泉プラス』小学館）

人間性という「体温」の消失

家でボーッとアホみたいに口をあけてテレビを見ていたある日、ぼくは『彼氏彼女の事情』というテレビアニメに出会います。
このアニメは、〝仮面優等生〟の事情を持つ主人公2人の恋愛と成長、コンプレックスなどが色濃く描かれていました。特に、宮沢雪野というヒロインの、二流だけど一流を目指してひたすら努力する姿に感動し、「自分も気合を入れて勉強をやり直そうかな」という極めて超単細胞思考に陥りました。

（文系で一番カッコいいのは…弁護士！　カッコええやん！）

これは高校2年生の時のぼくの頭の中に湧いていた言葉です。こんな頭に虫が湧いたような動機で法学部を目指そうとしていたのです。

「とりあえず大学に受かりさえすれば、その後めっちゃ勉強していけば、どうにかなる！」と、盲目的な受験勉強の日々をおくります。

すると、高校2年生の2学期の成績が急激に上がりました。先生やクラスメイトからは

「急になんでそんなに点とれるようになってるん？　めっちゃアホやったのに！」と言われ、表ではポーカーフェイス、内心では満面の笑みでのガッツポーズ。

しかし、模試では全く点を取ることができません。

なぜかというと、**学校のテストは、出るところを先生が授業中に教えてくれていたから**でした。丸暗記することはできても、応用力がないので模試での数学や物理の点数は20点台。ぼくが点をとれるのは英単語と漢字と歴史、化学の「スイヘーリーベ……」という元素記号ぐらいでした。さすがにこれはマズイと思い、真っ先に頼ったのはユウキでした。現状を相談すると、「教えたるから家に来たら？」と言ってもらい、泊まり込みで合宿をすることに。ユウキは理系だったので数学と化学は余裕。ぼくの過去問を解くプロセスを見てもらい、どこでエラーを起こしているのを見極めた上で解き方を教えてくれました。

そのおかげで、次第にぼくの模試の成績は上がっていきました。

この時ぼくは「**受験に時間を奪われている」という感覚が一切なく、「高校生が受験勉強するのは当たり前」という極めて自分らしくない思考に陥っていました。**

「○○したいからする」という子どもの頃からの自主性が完全に死んでいたのです。それはまるで指示されたことをやるだけのロボットのようでした。こんなに低いモチベーションで受験した結果、現役では、公立、私立とも全て失敗し、浪人生活に入ります。一年間予備校で勉強するチャンスを与えられました。

存在価値は黒いスーツのお兄さんが教えてくれた

60万2090人。

この数字は、現役受験に失敗し、一浪して臨んだ2002年のセンター試験の志願者数です。前年よりも受験者が1万人以上増えていました。

この年のパートタイムを除いた有効求人倍率は0.41。

安定した企業や役所に入るのも大学に進学するのも困難な時期だったと言えます。「イ

ス取りゲーム」に参加しているような感覚でした。センター試験を終え、予備校で仲良くなったカズアキに採点してもらい、結果を確認すると…。

英語は、200点中、150点。苦手だった数学（ⅠA・ⅡB）は、**200点中……40点**。

一浪したあげくこのザマ。（数学は1年かけて20点しか上がりませんでした）

それから私立大学へ出願するも、全て不合格。実家はまるで「お通夜」のように重苦しい雰囲気に包まれていました。家族会議でぼくは、「バカで大学に行かれへんから、東京で音楽をやるか、美容師になりたい」と親に伝えました。しかし、自営業で不況の影響を受けていた両親は、「それでメシが食えるんか？」と言いました。

親が子どもの可能性を否定してしまうこともある

子どもが親に「アイススケートやゴルフをやってみたい」と言ったとしましょう。どれだけの子どもが興味のあることや好きなことにチャレンジできるでしょうか。

もちろん、子どもに何かを学ばせるためには「お金」が必要になることもあります。経済的余裕は家庭によって様々で、そのことを責めることはできません。

しかし、経済的余裕があったとしても、「この子は浅田真央ちゃんでも石川遼くんでもないからきっと途中で辞めてムダになるかも……だいたいそれで生活していけるかもわからないし」と、親が子どもの可能性を否定すると、子どもは没頭や挑戦の機会を逃してしまいます。

見落とされがちですが、**親子関係は圧倒的に親有利の上下関係です**。

しかも他人が簡単に介入できないのでかなり厄介。ただただ上下関係で言い負かされた子どもは、自主性や自己肯定感を失い、意見を言えなくなっていきます。その姿を良くいえば、親の言うことを聞く「従順な聞き分けの良い子」ですが、悪く言えば「自分の意思がない子」となってしまっているようにも感じます。

親は子どもが従順な方がラク

これは自分自身が親になって感じたことです。

ある日、子どもを保育園に送ってから職場に行く必要がありました。子どもがトロトロと準備をしていたので、「保育園に間に合わなくなるやろ！　早く準備せな！」と言ってしまった経験があります。

この言葉の本当の意味は、「自分が職場に行くのが遅くなるから早く準備しろ！」です。

子ども側からしたら親の出勤時間なんて知ったこっちゃない話です。そもそも親が職場に行かないといけないから、3歳にもならないのに保育園に預けられるという見方もできます。

本当に子どもの自主性を伸ばしたいのであれば、目線の高さを合わせ、**「それに興味が**

あるの？」と意見をいったん受け入れる姿勢をとったり、**「対等に安心してモノを言える環境」をつくる必要があると感じています。**

親は子どもがチャレンジしやすい環境をつくることくらいしかできません。いったん興味をもっても途中で飽きることもあるでしょう。しかし、水平関係のコミュニケーションをとるかとらないかで、子どもの人生を左右する可能性が大いにあります。

たしかに親は忙しいです。上下関係を活かして強制したり禁止すればその時は効率的に物事が済みます。しかし、言い負かし続けると、子どもの没頭力や自主性、自己肯定感をドンドン下げていき、それがひどくなると言われたことしかできないロボットのような人間になってしまう危険性があります。

職業を選択する時にも親の存在や発言は子どもの人生を大きく左右する絶大なる影響力を持っています。

この「家族会議」の時のぼくも、親に逆らってまで好きなことを追求する気持ちになれなかったのです。

（安定してるといえば公務員…どんな仕事か知らんけど、学校見学に行ってみようかな……）

教師を目指していたカズアキもセンター数学で失敗し、（彼の数学ⅠA・ⅡBは200点満点中10点、消費税率よりも低い得点率）でした。

彼もこれからどうするか迷子状態だったので、「大阪のJR福島駅近くにある大阪法律専門学校へ見学しに行こうと思うんやけど、行く？」と誘いました。

すると彼は、「お前がそこに行くなら、俺も行くわ！」と即答。

崖っぷちのぼくでしたが、このバカなテンションのカズアキがいることが救いでした。

（公務員になれなかったらもう家を出て働くしかない…）

そう思っていたある日、カズアキに「服買いに行きたいからついてきてくれ」と誘われ、大阪の難波・心斎橋に行くと、その日だけで3回ほど黒いスーツの人が話しかけてきました。

「お兄さん、うちで働きません？」

ホストの勧誘でした。その時ぼくは、「こんな自分でも必要としてくれる人がいるんや！公務員試験に全部落ちたらホストになって、美容師学校に行くために学費を貯めよう！」と、完全に開き直ったのでした。

「点」を打ち続けると未来につながる

専門学校には、2年通いました。1年目は憲法や民法などの法律と、経済学などの授業を受けながら定期的にテストをおこなう学習スタイルでした。

大学とは違い、朝から夜まで時間割がビッシリと入っていたので、とにかく勉強勉強……適応できずに途中で辞める生徒もいました。

2年目になるとほぼ毎日テストと答え合わせ。

解けなかった問題をクラスメイト同士で教えあっていると点数が取れるようになってい

きました。

もしあなたが学生であれば、**勉強は1人でしないことをお勧めします。**

知識を頭に入れるだけじゃなくて、**「教える」というアウトプットをするようになってから成績がものすごく伸びたからです。教えるためには自分が理解していないと教えられません。**

平日は毎朝8時から夜10時まで学校で勉強し、終電で帰宅。

休日は警察官や刑務官、法務教官、広島市役所、奈良県庁や地元の市役所などを受験するか、家で過去問を解く日々を送りました。

ぼくは一浪しても大学に入学できなかった経験から、自分の頭の悪さを誰よりも自覚していたので、いくら勉強しても「まだ足りない！甘い考えをしてたらまた試験に落ちる！」と自分を追い込んでいました。学生時代で一番勉強した2年間だったと言えます。

ぼくが受験した公務員試験では、「専門試験」と「教養試験」があり、「専門試験」は法律や経済学などで、「教養試験」の問題のレベルはセンター試験より少し易しい程度。

この教養試験には足切りラインがあって、**教養試験で5割以上得点できないと、専門試験でどれだけ点を取っても不合格**になります。ここでつまづく受験生は学校内にも少なからずいました。

しかし、ぼくはこの教養試験で点をとることができました。

現役・一浪時代に2回受験したセンター試験の勉強はムダではなかったのです。**大学受験と公務員試験、それぞれの自分が打ち込んでいた「点」と「点」がつながり、「線」や「面」になっていたことを感じました。**

しかも、ぼくはその時20歳だったので、国家公務員試験のⅢ種や、地方公務員試験の初級など、**易しい試験問題の枠**で受験することができました。大学に4年間通うと、この枠で受験することはできません。あまり知られていないかも知れませんが、**公務員になるためには、大学に行かないとなれないというわけではないのです。**

国家公務員Ⅲ種と、地元の市役所、奈良県庁の1次試験に合格し、国家公務員以外の2次の面接試験もクリアし、ついに合格を手にしました。

合格通知が届いた時の心境は、

「え？　もう勉強しなくていいの？」

合格の実感が全くなく、放心状態。

大学に入れなかった落ちこぼれであり、社会の崖っぷちにいたクソガキが、大人たちのいう「社会のレール」になんとか乗ったのです。

「がんばったな、今までようやった」

お通夜のようだった実家の中の雰囲気は一変。合格したぼくよりも喜ぶ父と母。ぼくが公務員試験に合格して一番変わったのは、家の中が明るくなったことです。父も母も先の見えない息子の将来を心配しながら多額の学費を払っていたわけですから、肩の荷、いや肩の大型冷蔵庫がおりたといっても過言ではないでしょう。

父がよく言っていたのは、「夏は涼しいところ、冬はあったかいところで働いて、雨風で仕事がなくならない会社や役所で働いてほしい」という言葉です。これは、ぼくが高校生ぐらいから言っていました。ちょうど社会が不景気になり、仕事が減った時期でした。

思い返せば大学受験に失敗し、さらに2年間専門学校で休み無しの勉強の日々でしたから、それは暗い暗いトンネルの中をどれほど走れば良いのかも聞かされずに走り続けるマラソンのようなものでした。しかし、やっとまばゆい光が見えたのです。

この時の年齢は21歳。

これからうまくやっていけるのか不安でしたが、採用手続きのため、健康診断を受けたり、必要な書類を提出しながら、**「公務員は基本的にはクビはない、とにかくがんばって働いていこう（今のぼくからすると、一番役所に入ってきてほしくないタイプ）」という意識の低さ**で、２００４年４月１日の辞令交付式に向けて準備していました。**この時のぼくは、14年後に自ら退職することになるとは夢にも思っていませんでした。**

今の自分は、「過去の自分の積み重ね」。

その時その時に「点」をしっかり打ち続けていれば、いつか実を結ぶのです。

第2章　14年間公務員として働いて感じたこと

ハロー公務員

安定の象徴「公務員」に対するあなたのイメージは？

・世の中のために積極的に働くことができる
・クビになることがなく終身雇用が約束されている
・民間企業よりも残業が少なく、休みがとれてラクそう
・役所の中でのデスクワークが基本

公務員になる前のぼくの「公務員」のイメージはこの４つ。

専門学校の先生やクラスメイトからの影響もありました。**長引く不況の中で働いていくにあたっては、とてもポジティブなイメージ**でした。

一方、ネガティブなイメージとしては、テレビの報道番組などで公務員の不祥事のニュ

ースが度々流れていたので、自分も「税金泥棒！」とか言われるのかもしれないと思っていました。

「公務員」と言っても、国、都道府県庁、市区町村役場という単位で役割が違いますし、ローカルごとに文化も違います。この本ではぼくが経験したことについてお話しします。

奈良県庁に採用されてから退職までの経歴

2004年4月1日の辞令交付式で伝えられたぼくの配属先は、県庁内の部署ではなく、橿原市という奈良県の中部にある奈良県立医科大学でした。

主に、大学と病院の予算・決算業務や、経理全般をおこなう業務を3年間おこないました。

その後、県庁の土木部へ異動し、道路管理業務を3年間。

ここでは道路工事が終わった後、車を通行させる前に道路敷地の中に民有地が入っていないか、車が走って危険がないかなどを審査していました。

また、ここでは1日20件ほど道路に関する苦情や相談の電話や来訪があり、**3年間で延べ10000件**は対応していたことになります。

これまでの経理業務と違い、土木事務所の職員や住民の方とコミュニケーションを取りながら仕事をする力が必要であることや、業務内容が180度違うことに戸惑いました。

さらに係員3名が総入れ替えだったため全員1年目。相談し合うことができません。

「医大で3年働いて少しは仕事できるようになったと思ってたんやけどなぁ……またイチから勉強し直しかぁ……」

配属初日のJR奈良駅までの帰り道、孤独感と新規採用職員に戻ったかのような情けない気持ちを抱えながら、人通りの少ないところを選び、涙を流しながら歩いて帰ったことを今でも覚えています。

そしてその次は、医療の部署へ異動し、精神保健福祉と自殺対策の業務を4年担当しました。特に次の法律による業務が大半を占めていました。

精神保健及び精神障害者福祉に関する法律第23条

警察官は、職務を執行するに当たり、異常な挙動その他周囲の事情から判断して、精神障害のために自身を傷つけ又は他人に害を及ぼすおそれがあると認められる者を発見したときは、直ちに、その旨を、最寄りの保健所長を経て都道府県知事に通報しなければならない。

法律の条文なのでカタイ表現でイメージしにくいかもしれませんが、この法律に則り、警察に保護された、ご自身または他人を傷つけるおそれがある方を精神科病院まで車で移送し、精神保健指定医という資格をもった医師の診察に立ち会う業務に就いていました。

診察結果によっては、医療及び保護のために本人の同意がなくとも入院していただく措置をとっていたのです。この立ち会い業務を初めて終えた時、**「公務員にもこんな仕事があるんか……」**と衝撃を受けていました。**4年間で延べ500回**ほど診察の立ち会いをしました。

ここまでが公務員となって10年の経歴になります。

人事異動は3〜4年周期

奈良といえば、奈良公園の鹿や、東大寺の大仏。修学旅行先や、海外からの観光客も多く訪れる観光地のイメージではないでしょうか。日本国のはじまりの地としての長い歴史や、育まれてきた文化に魅力を感じている方も多いと思います。

そのイメージは、職員としても同じ。

ぼくは、10年目まで「奈良県で働くからには観光や歴史・文化を担当する部署で働きたい」と、異動を希望していましたが、その願いは叶いませんでした。

公務員といっても人間ですから、自分の希望する部署に配属されたらやる気も出るし、自分の得意なことを業務で発揮できればやりがいも感じるものです。

ぼくは、公務員歴14年間のうち、一度だけ希望が叶った経験があります。それは、**県の**

PRをする「広報」の仕事です。

採用11年目に、このPRの仕事に出会い、仕事の楽しさを理解することができましたし、何より自分の好きなことがわかったのです。

この仕事に3年7ヶ月就いた後、生活保護や生活困窮者の方を支援する業務に異動となりましたが、その5ヶ月後に退職することにしました。

この第2章では、

- **公務員として働き、どんな経験をしたのか**
- **どんな人との出会いがあったのか**
- **どんな業界なのか**

などを中心にお伝えします。

思いのないロボット公務員

「ごめんな、いっしょに働いていている間にもっと仕事のやり方を教えられたらよかったんやけどな……悪いと思ってるねん」

これは、採用されて3年が経ち、ぼくの初めての人事異動の発表があった時に直属の上司、「F係長」から言われた言葉です。

しかし、この時のぼくは、「F係長」のこの言葉の意味が全く理解できていませんでした。

後で紹介しますが、この言葉の真意を知ったのはこの**5年後、人生の師匠「Nさん」と一緒に仕事をした時**のことでした。

組織で一番時間がかかることは「人育て」

新規採用から3年間、経理業務をしていましたが、業務マニュアルを見ながら、契約書や請求書などを「これはいける、これはダメ」と機械的に判断していました。

しかし、マニュアルに載っていないこともあります。

それについては、係長や先輩に聞き、その指示に従いながらまるでロボットのように自分の意思なく作業をしていたのです。思い出すと恥ずかしいこの頃のエピソードが1つあります。

あなたは、「予算要求」という言葉を聞いたことがあるでしょうか。毎年秋ごろに県庁の財政担当から、「次の年度の予算はどれだけ必要か」と照会があります。それから医大・附属病院内の各所属と調整しながら必要な予算額を詰めていくんですが、ぼくは、その**クソ忙しい時期であるにも関わらず、自動車教習所に通い始めた**のです。新規採用1年目の話です。

就職するまで勉強ばかりで免許をまだ取っていませんでした。係の上司と先輩が毎日残業しているのに、**「お先に失礼します！」**とあいさつをして帰宅し、教習所に通っていました。

「あの子じゃなくて他の職員がこの係に来てくれたら良かったのに……」と思われていても仕方ないレベル……。かなりイライラさせていたと思います。

「公務員になること」を目標に専門学校に入り、勉強して試験に合格しましたが、**「自分はこういうことがしたい！」**という信念や自主性がこの時のぼくにはありませんでした。

14年間5部署で働きましたが、大きく分けて3つのタイプの公務員と出会いました。

①社会のためにやるべきことを自ら考え、行動する人
②前例を参考にしたり、指示されたことを粛々とできる人
③指示されたこともできない人

ぼくの実感としては、次のとおりです。

①…10人中1人
②…10人中8人
③…10人中1人

住民目線で言うと、③のタイプは論外だと思います。
組織内に多くいてほしいのは、①のタイプではないでしょうか。
②のタイプは「お役所仕事」と言われる「作業型」の働き方をしている人たち。この人たちの割合が高かったように感じています。
しかし、民間企業から奈良県庁に転職した年上の後輩に聞いてみたら、**「どの業界にも②の人はいますよ」**とのこと。確かに業界問わず「人育てが課題！」と言われていますよね？

では、なぜ世の中には②のタイプの人が多いのでしょうか？

ぼくは「学校教育」が大きな影響力を持っていると感じています。

そう思う理由は、自分の学生時代のことを振り返ってみるとわかります。先生が生徒に「みんなと同じようにできるようになりなさい」と上から目線で指導をしているのを目の当たりにしていたからです。

こういう指摘ばかりされると、生徒は「周りと比べて自分はどうか」ばかり気にしてしまい、自分で考えて行動するようにはなりにくく、②のタイプの人が社会に出ていきます。


つまり、②から①のタイプになるのに時間がかかるのです。


ぼくも新規採用から7年目までは、②のタイプでした。

どのようにして①のタイプになれたのかというと、**どうしようもないぼくのことを見放**

さず、信じ、挑戦させてくれた人生の師匠「Nさん」と出会えたからです。

このことは後でお話します。

気づけなかったSOS

精神保健福祉と自殺対策の業務をおこなうようになって1年目、ぼくが職員として7年目の話になります。多い時は毎日のように警察から連絡があり、ご自身または他人を傷つけるおそれがある方を警察から精神科病院に移送し、診察に立ち会っていました。守秘義務のために詳しいエピソードは紹介できませんが、現場でご本人や保護者の方などとお話しながら、社会や家族のあり方を考えさせられる毎日でした。

また、2010年当時、1998年以来ずっと日本国内で**年間3万人を超える方が自殺で亡くなっていました。**

人はなぜ自殺に追い込まれてしまうのかをこれまでの統計資料などで調べていると、一定の流れ、傾向を理解できました。

多いと感じたことは、バブル崩壊後のリストラによる失業から生活が苦しくなり、そこから多重債務状態や家庭内不和に陥ることで、心の健康面が崩れ、うつになり亡くなっていたこと。**3～4つの深刻な悩みや社会問題**が絡み合い、自殺へと飲み込まれていったのです。

専門知識と相談業務の経験が豊富な上司・先輩に学びながら働いていましたが、「自殺」というと、テレビドラマや映画の中で描かれているものの、この時のぼくは、なかなか自分事として捉えることができていませんでした。

しかし、この価値観が一変する出来事がありました。この係に配属されて２ヶ月が経ったある日のこと、１本の電話が入りました。


「なぁ、家に帰ってこうへんか」（家に帰ってこないか）

ぼくが高校を卒業する1年ほど前から母は、「自分のスナックの店を持つのが夢やねん」と言い始めました。

その後、現役の大学受験に失敗したぼくが、大学受験のために予備校に通うのと同じタイミングで店をオープン。

「お母さんもがんばるから、いっしょに挑戦や」

そう言ってぼくの予備校と専門学校の学費を支払ってくれました。

母は、昔から人の世話をするのが好きな人で、声が大きく、兄弟や親戚、近所の人が困っていたら役所や知り合いを飛び回り、悩みを解決しようとしていました。

また、家では愚痴を聞いてほしい人からの相談電話がしょっちゅう入っていた記憶があります。

予備校や専門学校から家に帰ると、店から笑顔で帰ってくる日もあれば悩んでいる日もあり、「あのな…」といったん話をしてきたら深夜2時くらいまで話は続きました。大半はお客さんやお店のスタッフなどの人間関係の話。

公務員として働き出してから3ヶ月ほどでぼくは実家を出て一人暮らしをするようになったので、しだいに母と話す機会が減っていきました。

この「家に帰ってこうへんか」という電話をもらった時、母はすでに店をたたみ、祖母の介護をしていました。この電話を受けた2週間前、実家へ帰った時に精神科病院でうつと診断されたことを知りました。

どういう気持ちでこの電話をかけてきたのかは未だにわかりません。寂しかったのか、母なりのSOSだったのでしょう。この時、ぼくは新しい仕事のことや、バンドのことなど……自分のことで忙しく、母の出していたサインに気づけていなかったのです。

それから約1週間後の早朝、実家から電話が入りました。

「とにかく帰ってきてくれ」

胸騒ぎを感じながら車を走らせました。

実家のドアをあけると暗い顔をした父と兄から、母が亡くなったことを告げられましたが、そこに母の姿はありません。

そして、家の玄関がガラッと開き、警察官3名が亡くなった母を仏間に運びこんできました。

家から30分ほど歩いた人気のない場所で亡くなっていた母を、たまたま通りかかった方が発見して通報してくれたそうです。

警察から身元確認で連絡を受けた父と兄が警察署で本人確認をおこなってきたことを後で知りました。


「なんで気づけなかったんだろう」

永久に生きていると思っていた母との別れでした。

この経験から、自分の人生だけでなく、仕事への価値観が少しずつ変わりはじめたのです。

ええことやってんねんから胸張れ！

母のお通夜と葬儀を終え、ぼくは一人暮らしを再開しました。

しかし、夜の寝付きが悪くなり、日によっては一睡もできないまま身体を起こして仕事に向かっていました。

仕事中に警察からの連絡を受け、現場に向かい、母と同じ年代の女性の立会いをしている時に、その背中から母のことを思い出すこともありました。

「このままでは仕事ができない」

そう思い、無感情を徹底し、気持ちを抑え込んでその年度の業務をなんとか乗り越えました。

そして、新年度を迎えた2011年4月1日。

この日、ぼくの人生そのものを大きく変える2人の男性に出会いました。それが課長補佐として配属された上司の「**Nさん**」と、精神保健福祉士で同い年の「**Kさん**」でした。

奈良県の自殺死亡率が他の都道府県と比べ全国の中で低位となっている理由を調査するように知事からのミッションを与えられた「Nさん」は、「Kさん」を連れて自殺対策の先進的な取り組みをおこなっている自治体を飛び回っていました。

その2人に対して「あの人たちは出張ばっかり行って何考えてるねん！」と文句を言っているヒラの先輩もいましたが、当時のぼくは空気を読んで特に何も言いませんでした。

しかし、「Nさん」と「Kさん」に対して次のように感じていました。

「この二人は、良い意味で公務員じゃない……！」

それまで7年間この業界で働きながら見てきた公務員の姿は基本的にデスクワークが中心で、組織内の上司が納得する資料をつくることに重きを置いている人が多い印象でしたが、**この2人は民間企業の営業成績ナンバー1のような行動力**でした。

「ええか、答えはな、現場にあるんや！　考えてから走るんちゃうぞ！　走りながら考えろ！」

「Nさん」の口癖です。「Nさん」のデスクの上には、自殺に関する文献や資料が大量にありましたが、次々と読み込み、自殺に関する正しい知識を増やしていきました。それを出張先や会議で持論を主張しながら「奈良県自殺対策基本指針」を固めていきました。

「Nさん」がこの部屋にやって来るまでは、他の都道府県よりも自殺対策の啓発や相談窓口の設置などの取り組みが進んでいませんでしたが、県の方針を立て、全市町村長に説明をし、協力を求めていきました。

テレビの報道番組では、教員、警察官、役所の職員の不祥事の報道やバッシングのオンパレード。また、業務中に「お前ら税金泥棒や」とまで言われていたこともあり、ぼくは公務員であることを誇りに思えなくなっていましたが、「Nさん」の次の言葉をきっかけに、目を覚ましました。

「お前よぉ！　世の中のためになることをやってるんやから、胸張れ！」

課の中で響き渡ったこのシンプルな言葉に胸の鼓動が高鳴りました。

そして、続けて「Nさん」はこう宣言しました。

「俺らで日本一遅れてる自殺対策の取り組みを日本一にする！」

この時、あまりの迫力にリアクションをとることができませんでしたが、「この人に付いて行きたい！」と思ったのです。

残業をしていたある日の夜9時頃のことです。

「おぅい、飲みに行かへんか、一杯だけ！　どや？」

そう「Nさん」が誘ってきました。「はい」と返事し、立ち飲み屋へ移動。瓶ビールを注ぎあい、グラス一杯のビールをグッと飲み干した後、「Nさん」が口を開きました。

「お前をよぉ、自殺対策の担当にしててええんか、しんどかったら無理せんでええぞ」

ぼくは、この質問にこう答えました。

「やります、というかやりたいんです、ここで逃げたらアカンのですぼくは！」

現実に目を背けていた後ろ向きな気持ちは消え、この時に「人々が自殺に追い込まれてしまう今の社会を少しでも変えたい！　良くしたい！　自分だからこそできることがあるはず！」と前向きに考えられるようになっていました。

「よし、俺が責任取ったるから自分で考えてせぇ、わかったな」

仕事中は頼れる上司。飲んでいる時は目線の高さを同じにして向き合ってくれる友達のような不思議な人、それが「Nさん」。

ぼくの人生の師匠です。

公務員に限らず、自分の仕事に責任を持ち、誇りを感じられるかどうかは、「社会にとって良いことをやっているかどうか」ではないでしょうか。

公務員に良いイメージがないかもしれませんが、こんな人もいるんですよ？

全国最下位からトップへ

「Nさん」と「Kさん」は、ぼくの母の件も理解した上で「いっしょに自殺対策をやろう」と言ってくれていました。特に精神保健福祉士の「Kさん」には心理面のケアをしてもらいながら働けていたので本当に救われていました。

「Nさん」と「Kさん」と一緒に働くようになってから、仲の良い男の後輩たちと「**男塾**」というチームを結成し、多い時は30人ほどで交流会（という名の飲み会）を開催していました。

「男塾」は、自分が眠れなかったり、仕事が辛かった時期に「仲間がほしい」と思ったことがきっかけで作ろうと思いました。（イケメンで面白い男たちを集めたところ、徐々に女子職員から参加希望あり、その後3組が結婚しました。）

「Kさん、アルコールの消費量と自殺って関係してるんかな？」

「飲むと衝動的になるしね……遺体からアルコールが検出されているし」

職場で「Kさん」と話していると、自然とアルコールと自殺の関係について疑問が生じました。

「ちょっと比較してみようか」

「Kさん」はそう言って、都道府県ごとのお酒の消費量と、都道府県ごとの自殺死亡率を見比べてみたところ、お互いに目を見開きながら驚き、資料を印刷してすぐに「Nさん」へ報告しました。

「これ……お前らすごいやんけ！」

その後、自殺対策県民意識調査（こころの健康に関する意識調査）の郵送調査（有効回答率50％超）を実施。お酒を飲む量や飲み方に関して、大阪府と和歌山県と3県比較をおこなったところ、奈良県は3県の中でもお酒を飲む量が少なく、「複数人で飲む」という自殺リスクの低い飲み方をする住民が相対的に多いことが示されました。

また、新規採用職員として係に配属になった「Sくん」は、大学時代にお猿さんの研究をしていた関係で、統計調査や相関係数などの扱いに詳しく、あらゆる項目と自殺死亡率との相関関係があるかどうかを調べてくれました。

そして、大学教授、いのちの電話協会の相談員、精神科医師などの専門家の意見を交え、調査報告書が完成。

知事や奈良県自殺対策連絡協議会という県内の断酒連合会、弁護士会、労働局、地方法務局、市長会、町村長会などを含めた場で報告後、さらに全国へ調査結果を発表しました。

その結果、国からも認められる最先端の取り組みをおこなう県になったのです。

奈良県自殺死亡率低位検証のまとめ

①適度な飲酒（アルコールの飲み方が良い）
②ゆとりのある生活（世帯平均貯蓄額が高い）
③ストレス度が低い（抑うつテストＫ６の値が低い）
④相談を受ける姿勢が良い（傾聴する姿勢）

⑤ 宗教的つながり（数多くのセーフティネットの可能性がある）
⑥ 地域のつながり等

（「奈良県の自殺死亡率低位検証調査結果について」より）

奈良県は、この①～⑥のような行動や環境があるから自殺死亡率が低いのです。⑤の宗教的つながりは他の都道府県では難しいかもしれませんが、④と⑥に関しては地域のまちづくりを行っていく上で大切な要素ではないでしょうか。

ぼくは、社会人になってから初めてチームでこのような成果を出せたことに感動しました。

「Nさん」の、「俺らで日本一遅れている自殺対策の取り組みを日本一にする！」という言葉や、「俺が責任を取ったるから自分で考えてやれ、わかったな」という言葉。そして、係内で役割分担をして、それぞれが自主的に行動できたことで成し遂げられたことだと確信しています。

部下を信じ、強制も禁止もせずに挑戦させてくれたおかげで、ぼくは小・中学生の頃の自主性を取り戻すことができました。

もし「Nさん」が、

「指示した通りにしろ！」
「指示したこと以外は勝手にするな！」

という、親や学校の先生のようなタイプだったとしたら、ぼくは未だに指示されたことしかできない職員だったかもしれません。

この出会いに本当に感謝しています。

圧倒的に上司有利の上下関係の世界

奈良県庁に入庁して10年が経った2014年4月1日。

人事異動の希望が叶い、紙の広報誌以外の情報発信を担当する係に配属されました。主に5分間のニュース番組や、地域で活動している個人・団体の7分間のショートドキュメンタリー制作などのテレビ番組の制作や、ホームページやSNSの運営業務に就いていました。

衝撃を受けたのが、全国的に有名なキャラであるせんとくんの公式Twitterアカウントの「せんとくんのつぶやき」のフォロワー数が580人だったことです。

「全国的に大炎上しながらも誕生したせんとくんのアカウントなのにフォロワーが580？　少なすぎるやろ……」と目を疑いました。

しかし、発信しているツイートを見てみると、その原因が判明。

・一方的な告知ばかりツイートしている
・リプライをもらってもリアクションしていない
・他のユーザーのツイートをリツイートをしていない

自治体のTwitterアカウントによくある**「一方的」で「事務的」な内容**だったのです。

ユーザー側からすると、おもしろくもないし親しみも感じられません。SNSならではの**「双方向コミュニケーション」**が見事に欠落していました。

ぼくはいろんな職員に「Twitterで情報を発信していきませんか?」と話しましたが、

「Twitterは炎上するから使いたくない」

「フォロワーが少ないのに文章をつくるのはムダ」

と、言われていました。

当時の職員のTwitterへのイメージはその程度だったのです。

それから問題がもう一つ。近畿の府県庁で唯一、Facebookページがなかったのです。

大げさかもしれませんが、SNS上で地域の情報格差が生じていたのです。SNSが登場したことで、これからは自治体も独自に情報を出していけるようになっているのに、時代に乗れていないことに焦りを感じ、課内でFacebookページを立ち上げようと進言しました。

すると……

「Facebookって何や？　わかるように説明して！」

当時の課長はスマホではなくガラケー。まずFacebookのシステムから説明する必要があったのです。

広報1年目の上半期は業務に慣れていないこともあり、テレビやラジオ番組の制作で手一杯でしたが、その中でもFacebookページをオープンするための説明資料を作っていました。

それをまず、お笑い芸人の陣内智則をさらにシブく男前にした「M係長」に説明し、その後に課長に説明していきました。

「M係長」はFacebookを個人でもやっていて、プライベートでも飲みに行ったり宅飲みするような仲だったので、こまめに相談しながら一緒に説明資料の精度を高めてくれました。

その後、課長に説明しましたが、なかなか理解を得られません。

時間は流れ、年末に1本の電話が入りました。

ある議員の先生から「なぜFacebookで情報発信をしていないのか?」という質問でした。

委員会でも課長がこの質問を受けたことにより、その後はトントン拍子に話が進み、2015年2月23日にFacebookページ「まるごと奈良県」を開始しました。

組織のタテ社会というか、上下関係に違和感を強く感じながらもやっと、FacebookとTwitterを使って県独自で情報発信をおこなうことができるようになりました。

上司は部下に対して、上から目線で簡単にモノを言えます。

部下から上司に「それは違いますよ」と声を上げるのは勇気がいります。子どもがいたり、家庭がある身であれば職場で気まずくなるのは避けたいでしょうし、勇気がいります。Nさんのように目線の高さを同じにしてアイデアを受け入れてくれる上司と働けることは本当にラッキーです。

「運ゲー※」に近いかもしれません。

※運ゲー
ゲームの中でも運に左右される部分が大きなものを意味する語。(『実用日本語表現辞典』)

やりがいを生み出す方程式「差異×理解＝価値」

公務員業界で働いていて感じていたのは、組織・上司に従順な人が組織内で評価されやすいこと。言い換えれば、住民の生活をよりよくするために組織外に向けて働いている人が評価されにくいというのが個人的な感想です。

「一生懸命やっているのがバカみたい！」と思ってしまう職員がいるのは無理もないのかもしれません。

しかし、ぼくは「仕事は人々から感謝や感動を生むものだ」と強く信じています。

なぜなら住民の方から、

「ありがとう」

「すごいね！」

と言ってもらえた時が、一番やりがいを感じたからです。

公務員としてどうやったらそこで暮らす人たちから感謝してもらえるのかを考えていた

ら、ある式に出会いました。

「差異×理解＝価値」

この「差異」は、他のものにはない強み、つまり、これまで存在しなかった革新的な商品やサービスのことです。

しかし、新しすぎてわからないとせっかくの「差異」も「価値」を感じてもらえません。

昔、発売されたてのiPhoneがそうでしたね？

「ボタンがないしコレで何ができるんだ？」と言っている人が多く、ガラケーからスマホに乗り換える人は少なかったのです。

しかし、「iPhoneとかのスマホがあればＬＩＮＥで無料通話もできるで！」と、みんなが言えるようになったら普及していくスピードが上がりました。（60歳を過ぎたぼくの父親もスマホに乗り換えるほどでした。）

人々に深く理解してもらい、受け入れてもらえるようになって初めて人々や社会にとっての価値となります。この理解を高める重要な役割をもっているのがＰＲです。

テレビ局やラジオ局、新聞社を経由せずに、ホームページやＳＮＳを使えば「価値」をダイレクトに住民に届けていくことができます。そのためには他部署の政策や事業内容を磨き、理解しやすく発信していくことが必要になります。

しかし、ＰＲ担当には独自の事業はありません。まちの魅力発信や、他部署の政策や事業をわかりやすく伝えることが仕事です。ＰＲ担当だけでは「価値」を届けることができないのです。

仕事をしていて一番疲れたのが、「このイベントはなんでやってるんですか？」と聞いても、「毎年やってるから」と返事された時です。

そういう気持ちの職員とは一緒に文章を考えられません。

なぜならイベントに対する自主性や情熱がないからです。そんな気持ちで文章を書いたり顔出しして伝えても住民からリアクションを得ることはできません。（そもそも顔出ししてまで集客やイベント内容を伝えたがりません）

そんな中、女性起業家支援プロジェクト「Ｌｅａｐなら」の担当者のイサオさんは違いました。

イサオさんは民間企業から社会人採用試験を経て奈良県庁に転職。常に「どうすればもっと事業をよくできるか、参加者を増やせるか」と考えていました。

そんなイサオさんが「どうやってＰＲすればいいですか？」と相談をしてくれるようになり、誰に言われることもなく勝手にタッグを組んで情報発信したところ、前年度の起業セミナーの実績に比べ2・5倍以上の集客ができるようになりました。

イサオさん以外にも、自主性や情熱のある職員はもちろんいます。

役所内でやる気のある人を見つけてタッグを組み、「差異」のある企画をつくり、それをＰＲして「理解」をかけあわせれば、住民にとっての「価値」はつくりだすことができることを実感しました。**ぼくの大切な成功体験です。**

人々の感謝・感動を生むPRのチカラ

ＰＲ担当として2年がたち、上司のメンバーチェンジを経て職場の雰囲気がガラっと変わり、ぼくにも裁量を与えられるようになりました。

その頃のぼくのやる気は天井知らずになりました。

配属時は５８０だったせんとくんのTwitterのフォロワーは３０００ほどになっていました。Twitter内で「せんとくん」と検索したところ**「そういえばこのアカウントがあったか……」**とあるアカウントの存在を思い出しました。

それは、**誰かが勝手に作った流暢な関西弁でツイートする、非公式せんとくんのアカウント…そのフォロワー数は70000超え！**

奈良県がせんとくんの公式Twitterを作る前につくられたアカウントだったため、そちらを公式と勘違いしている人が多かったのです。

（公式マークが付いているのにも関わらず伝わっていない状態）

「非公式が公式にこれだけ圧倒的にフォロワー数の差があるのって逆に珍しくないか？」と思い、２０１６年の大晦日に**「非公式アカウントのフォロワー数が公式アカウントの24倍」**という比較画像をせんとくんにツイートしてもらました。

【このツイートの結果】

・約9，５０００リツイート
・奈良県の人口を超える１３０万人以上のPV数
・ネットメディアの取材を受け、LINEニュースになり、フォロワーは一気に2倍に

この後、Twitterのリプライをくれた人に返事をしながら双方向コミュニケーションを行っていくと、フォロワーがリツイートやリプライで応援してくれるようになりました。

テレビに出ているような有名人でないユーザーでも、影響力のある人がいます。その人にリツイートしてもらうと情報が広がり「あ、せんとくんのアカウントがあるんだ！」と存在に気づいてもらえるようになっていきました。

Twitterで**「奈良県のFacebookページもチェックしてね！」**とツイートすると、**Facebookページへ「いいね！」も増加。単純にアカウントの存在すら知らない人が多かったです。**

Twitterで話題になったことが、テレビやウェブメディアでも取り上げられる時代です。

自治体職員は「メディアの力を借りなくてもフォロワーと水平な関係でコミュニケーションしながらいっしょに話題を作る！」という意識が必要だと感じた出来事でした。

コミュニティをつくる意識をもって情報を出す

「せんとくんTwitterのコミュニティがあって良かった」と心から思えた最大の事例があります。

２０１７年の10月22日に大型の台風２１号が関西地方に接近していました。

この日は衆議院選挙の投票日でもありましたが、後輩のヒロが職場に出勤して台風の進路状況や県内の被害状況などの情報を集めてくれていました。（せんとくんはその情報をひたすらツイート）

ものすごい降水量によって10月23日の夜中に1級河川の大和川が氾濫。しかしテレビでは選挙の開票速報が行われ、大和川の氾濫に関する情報は放送されていません。

そこでせんとくんは、

「【拡散希望】テレビで報道されていないので協力お願いします！」とツイート。

すると、フォロワーが次々とリツイート。さらにせんとくんに感謝を伝えるリプライが届いたのです。

次の日には、ネットメディアから取材を受けて記事になりました。

大災害時にTwitterで情報発信をした効果

・危険な状況を住民に届けることができた

・せんとくんの信用度がアップ
・災害が起こったときのTwitterの必要性を社会に発信

自治体だけで情報発信をする時代は終わった

フォロワーから「せんとくんの奈良のオススメのスポットは？　せんとくんのオススメするところなら行ってみたいな！」というリプライが入ることもあり、「この季節だと◯◯はどうかな？（サイト記事へのリンクもつけて）」とせんとくんが答えると「ありがとう！　行ってみる！」とリプライがありました。

すると後日、「せんとくん！　行ってきたよ！」と写真付きのツイートでお礼を伝えてくれたのです。

このように、Twitterやブログなどを通じて奈良に関する情報を一つでも増やしてもらうことが大切だと学びました。

情報の積み重ねがあるからこそ、ＳＮＳやGoogle検索で奈良の事を調べた人に情報が届いていくようにもなります。

誰もが情報発信者となれる時代の到来

今の時代、役所は住民や企業、ファンと一緒に、水平な関係で情報を発信していく姿勢が求められています。

上下関係で偉そうな態度をとったり、コミュニケーションを取らないと情報は広がっていかないのです。

特にお願いしたいのが、Twitterを使った災害時の情報発信です。

災害が起こってから「あぁ！　うちもTwitterをやってたら良かった！」と気づいても遅いのです。それに普段からフォロワーとコミュニティをつくっておかないと情報は広がっていきません。そのためにも**災害が起こる前から双方向でコミュニケーションをとって**

コミュニティを作っておくことが必要です。

「価値」を提供することで「信用」となる

「PRするためにはブランディングだ！」と言う人がいますが、横文字なので感覚的にとらえている場合があります。

この「ブランディング」はシンプルにいうと「信用」を得ること。住民から「信用」されるためには、高品質なサービスを作って届け、価値を感じてもらうことが必要です。

楽しんでもらえるイベントを企画し、集客する時に「コミュニティ」があればみんなで「これおもろそうやん！」と発信して広く届けていくことができます。

また、イベントに限らず、観光や地域活性、福祉関係の政策なども届けられるようになります。

大事なことなのでもう一度いいますが、**もう上下関係を主張する価値観は古い**のです。

役所は「まちのビジョン」を提示し、「あれをしろ」「これはしたらアカン」という言葉を使わず、住民やファンがやりたいことに没頭できる環境を作ることによって、まちは元気になっていくのだと信じています。

蘇っていた没頭力

台風が過ぎ去り、突然の人事異動が発表された後、ぼくは「天職」へ別れを告げ、生活保護関係の業務をおこなう係に配属になりました。

しかし、そこで感じたのはＰＲ業務をおこなっていた時との自分自身のモチベーションの差。ＰＲ業務では法律による縛りがなかったこともあり、「これは記事と写真で、これは動画で、情報を受けた人が◯◯な気持ちになってもらえるように伝えていきましょう！」と無限に工夫や提案ができたのですが、新しい業務は法律の範囲内で粛々とミスなく業務を進めていくことが求められました。

「福祉の仕事もすごく大事な仕事だけど、ＰＲの仕事がしたい……」

仕事を終えて帰る電車に揺られながらそう思っていました。

睡眠や食事以外のほとんどの時間はＰＲを学び、実践していたと言っても過言ではなかった3年7ヶ月

広報担当になってから学んだことはＡ４の紙にマインドマップ型のメモにまとめてからパイプファイルに綴じて保存し始めました。

例えば、

・キングコング西野さんの講演会の内容

・広報セミナーで学んだ内容

・フリーランスの安藤美冬さん、塩谷舞さん、ブロガー・作家のはあちゅうさん、元静岡県庁職員で東海大学教授の河井孝仁さんの著書やネット記事をひたすら読み漁って得た情報

実践で詰まった時は、このメモを見ながらトライアル・アンド・エラー。

そうしている間に記事のライティングや写真・動画の撮影と編集、ドキュメンタリーのストーリー構成などの力を磨いていきました。

当時は「仕事なのに仕事じゃない」という気持ちで、「仕事でもここまで没頭できるんだ」と我ながら思っていました。その姿はまるで **「トイレに行きたくても我慢しながらドラクエをやり続ける小学生」** のようでした。

PRに注いだ時間は10000時間以上に

「10000時間以上努力すれば、その業界の上位20％の人材になれる」という

「10000時間理論」というものがあると後で知りましたが、PR担当になって3年目を迎える頃にはすでにその時間を突破。

小学生の時の『少年ジャンプ』とファミコンに没頭していた時以来の気持ちが蘇っていたのです。

「没頭」こそが全て。

30歳を超えようが人は、好きなことに没頭できるのです。

第3章　公務員を退職した理由

ピラミッドの外からピラミッドの形を変えていく

あらためて第2章の内容から、ぼくからみた公務員の良いところと、悪いところを客観的にまとめてみました。

【公務員の良いところ】

- 住民の生活に関わる多種多様な部署で業務を経験できる
- 地域や住民のために熱心に働く職員も中にはいる
- 社会問題を解決しなくても勤務すれば毎月給料がもらえる
- 出産・育休からの復帰がしやすい
- 各種諸手当が豊富で休暇もとりやすい

【公務員の悪い、心配なところ】

- ピラミッド構造で、定年間近の上層部が実権を握っている

- 指示されたことしかしない職員が大半を占め、共創が難しい
- 業界内の「当たり前」や「前例」を重視しすぎる
- テクノロジーが進歩しても導入しないため業務効率が悪い
- 自治体が財政破綻すると給料の減額や解雇の可能性もある

「良いところ」の補足として、ぼくには尊敬する公務員がいます。それは、奈良市役所の広報戦略課の高松明弘さん。役所内では、動画広報やSNSを担当していて、中でも人気アーティストの井上涼さんとコラボして「18歳選挙権」の啓発をテーマ制作した『エンジェルは選挙権がお好き』は、約48万回再生（2018年9月現在）となっています。既成観念にとらわれない企画力と行動力を持ち、奈良をもっとおもしろくするプロジェクト「編集奈良」の代表も務め、地域の中に入り込んで公私問わず奈良市のために活動している人です。

退職前の2018年2月から3ヶ月間かけて高松さんの活動に密着し、ドキュメンタ

リームービーを制作しているので、ぜひ見ていただきたいです。

（YouTube：https://www.youtube.com/watch?v=zQgpVYJtbak）

ここに挙げた「悪いところ」がぼくの公務員を退職した理由になるのですが、この第3章で具体的にお伝えしていきます。

まず、最も問題なのが、「ピラミッド構造で、定年間近の上層部が実権を握っている」ということです。

「上司と部下」というのは**役割の違い**こそあれ、**対等な立場でモノを言い合える水平な関係**であるべきだと思うのですが、役所内では、部下が上司に向かって意見を言うと「生意気なやつだ」と思われることは少なくありません。

ぼくがPR業務をおこなっていた1、2年目の時、上司とうまくコミュニケーションがとれませんでした。

少し具体的に言うと、SNSで発信するコンテンツについて提案をした時に、**「これをやって責任をとるのは誰や？　ぼくなんやから、もうこの話は終わりや、ぼくがアカンい**

うたらアカンねや！」と頭ごなしに言われた経験がありました。

決裁権のない若手職員は、いくら時流を感じたり先進的事例を学んで、政策やアイデアを提案しても、失敗を良しとしない上司から「そんなのダメだ！」と言われたら実行に移すことができないのです。

組織の意思決定は**「上司のハンコ」**で決まります。「定年まであと○年……」と既得権益にしがみつき、自分の保身を考えている人に権限があることは住民にとって悲劇でしかありません。

自治体組織は未だに情報革命後の時代に適応できていない

産業革命後、特に戦後の高度経済成長期は人口が増えていくに伴い、あらゆる「モノ」の大量生産を行うために、労働者が機械のように働いて商品を生み出すことが必要な時代でした。

その時代であれば、資本家や経営者は労働者に対して「言われた通りにしっかり働け！」と上下関係を主張しながら管理する役割として機能したでしょう。

しかし、情報革命後の「モノ」が溢れている今の時代は、ライフスタイルや、ニーズも多様化しています。量よりも質、付加価値の高い**オーダーメイド型の商品・サービス**を求めている傾向が見られます。

そのようなニーズに応えるためには、世代を越えた職員同士が対等な関係でチームを組む必要があります。そして、「時代の変化に合わせて見直すべき常識」を疑い、それぞれのアイデアや能力をかけ合わせながら革新的な商品・サービスを「共創」していく組織運営が必要になっているのです。

ぼくが思う、理想的な「共創」の先進的事例を紹介します。

2016年5月6日に放送された『アナザースカイ』というテレビ番組で、ウルトラテクノロジスト集団「チームラボ」の代表の猪子寿之さんが出演して話されていた内容にぼくの心は鷲掴みされました。

シンガポールでデジタルアートの個展の準備をする猪子さんを密着するものでしたが、その話の内容の中に**「共創」**というキーワードが出てきたのです。

「いろんな専門性がある人たちと一緒に何かを作っていくことが重要になっていく。学校はね、宿題も個人でやってね、テストも個人の能力を測って、現実的には社会に出たらチームで作るのに、今の学校だと個人主義が叩き込まれているわけですよね。昔はさ、もっと自由に創造していたと思うんだけどね」（放送内容より引用）

「集団的創造をする場所を作り、その中に身を置きたいと思ってチームラボっていう場所を作って自分たちがそこに身を置くことで自分自身もクリエイティブになれたと思うし共同的な人間になれたと思っていて」（放送内容より引用）

「個人だとさ、ただの田舎の人だし俺。賢い人なんて腐るほどいるし、自ら場所を作

り、その場所に身を置くことで自らを変えようと思った」（放送内容より引用）

チームラボは、ピラミッド型の組織運営をとっていません。**水平で横並びの組織運営**をとり、プログラマー・エンジニア、数学者、建築家、デザイナー、アニメーター、絵師など、様々なスペシャリストでチームを構成し、様々なプロジェクトに取り組んでいます。会社には社長室はなく、猪子さんも一社員としてデスクを並べています。年齢に関係なく、「こんなアイデアどうですか？」と自己表現ができたり、「オカシイ」と思ったら声をあげられる関係がベースにあるからこそ、個々の能力が最大限に発揮でき、革新的な商品やサービスを生み出していくことができます。

公務員試験に向けて努力している大学生に伝えたいこと

これからの時代は、企業や役所に頼らずとも生きていける「武器」を持っておくことが大切です。

どうしても就職したい役所や企業があったとしても、できれば学生のうちに好きなことに没頭し、「武器」を作っておきましょう。

なぜこんなことを言っているのかというと、**「いつでも辞められる」**という気持ちがあれば、パワハラ上司に嫌がらせされたり、保守的な上司に邪魔をされたとしても、真っ向から議論できるからです。公務員の仕事の本質は、社会貢献であり、上司貢献ではありません。

辞めたいけど辞められない
仕事を辞めても自分には能力がないから暮らしていけない

上司の顔色を伺いながらホンネを我慢して働いている大人が世の中にいます。あなたにはそんなふうになってほしくありません。悔しい思いをするだろうし、そんな自分はダサいじゃないですか。

この社会には、**「上司と部下」**だけでなく、**「親と子ども」**、**「教師と生徒」**も**上下関係**で成り立っています。

客観的に見ても、**言い負かされやすいのはこれから未来を作っていく子どもや若者。**

ぼくは、このことに違和感を抱き、**世の中のあらゆる上下関係を溶かして水平関係にしたい**と考え、あるプロジェクトを構想しました。それを**「ルイーダ（仮）プロジェクト」**と言うんですが、詳しくは、第4章でお話しします。

ピラミッドの外からピラミッドの形を変えていくのです。

業界内の「当たり前」や「前例」に縛られ続ける公務員

ぼくと同い年の職員が自殺で亡くなりました。

ネットのニュースにもなっており、内容は調べればわかることなので、この本では詳しくは書きません。

この件が関係したのかはわかりませんが、世の中の流れを受けて「働き方改革」を進めようと、2017年の夏頃から、残業規制が始まりました。

この規制に対し、イベントの準備や国からの照会が多い部署で働いていたぼくの後輩はとても苦労している様子でした。この夏までは業務量が多くても、職員が残業をして対応していたのですが、実際のところ残業が禁止になると、ついに業務を処理しきれなくなったのです。

自治体が「働き方改革」をする際に導入すべき仕組み

①上司が部下の業務量を把握し、不要な業務を削減しながらチームで役割分担をするスタイルに切り替えること

②残業せずに成果を出す職員を評価する制度にすること

③在宅勤務やフレックスタイムを利用しやすくすること

自治体の「働き方改革」をするにはこれらが必要です。そして、これら3つをクリアするには少なくとも3年以上はかかると考えています。

まず①の「上司が部下の業務量を把握して不要な業務を減らしたり、役割分担を促すこと」について。

ぼくが勤務した5部署では、部下から上司に、毎朝「今日はこういう計画で仕事する」ということと、夕方に「どれだけ業務を進めたか」を伝える仕組みになっていませんでした。上司はエスパーではないので部下の細かい状況までわかるはずがありません。

人事評価のために半年に1回面談が行われていましたが、毎月面談をして、先月の業務の目標を達成できたかどうか、今月はどんなふうに仕事をしていくのかをメンターとして助言・把握していないと実態に見合った人事評価をすることは不可能です。

また、時代に合っていない不要な業務があったとしても、量を減らさないこともあります。

その理由は業務量に応じて人員配置されているので、業務量を減らすと、「じゃあ1人減らしてもいいですね」と人を減らされることが影響しています。

第2章でも書きましたが、指示されたことを粛々とやる人の割合が多い組織なので、**「自分がやらないと周りに迷惑がかかる」**と感じてしまう人が多いのです。チームで働くことが苦手な組織であると実感しました。

次に、②の「残業せずに成果を出す職員を評価する制度にすること」について。

長年の慣習からか、組織に人生（労働時間）を捧げている人ほど評価され、出世が早くなっていました。定時で帰ろうとすると、「みんな残業してるのにあなたは帰るんだね」という無言の圧力を感じたこともあります。

このような評価制度では、育児のために残業できない女性は組織から評価されにくくなります。また、超介護時代となるこれからのワークスタイルには馴染まないため早急に改善が必要です。

親の介護は男女関係ありません。

長時間労働ができない職員や、職場に出勤できない職員が多くなります。

「残業する人は評価される」という思い込みを無くすためにも、勤務時間内に成果を出す職員を評価する制度にする必要があります。

最後に、③「在宅勤務やフレックスタイムを利用しやすくすること」についてです。

先ほど②で、超介護時代を迎え、職場に出勤できなくなる人が増えると言いました。在宅勤務を認めないと働き続けられない職員が多くなります。

ぼくは、この在宅勤務を認めることが一番難しいと思っています。世の中の動きに変化があっても、職員の価値観はガラっと変わらないからです。

「家でちゃんと勤務をしている確認なんてどうすればいいんだ」

「そもそも仕事は職場でやるもんだ」

このような価値観の人がいると在宅勤務を実施できません。まだ親の介護をする人は組織の中では少数派。大きな組織は全体主義で動くので、少数の意見を取り入れるのは苦手です。

しかし、職員個人の生活を犠牲にすることで組織が成り立つのも限界になるでしょう。

まずは、役所が制度を整えて職員を働きやすくすることで、民間企業にも、「行政がやってるんだから」と、制度をつくったり、利用しやすい雰囲気が広がっていきます。


「うちの会社では、在宅勤務はOKにしてるよ！」

「フレックスもOKにしてるよ！」


と反論される人事担当者もいるかもしれませんが、ぼくはまだまだ不十分だと感じています。

それはなぜかというと、**世の中に「通勤ラッシュ」という言葉や「満員電車」という言葉が存在しているから**です。

多くの会社で在宅勤務やフレックスタイムの制度はあっても、**制度を利用しにくい雰囲**

気に覆われているからではないでしょうか？

尊敬すべき対象は年齢ではなく経験値

「上下関係はおもしろくない」と言うと、**「みんな我慢しているんだからお前だけワガママ言うな！」**という人が出てくるかもしれません。

ぼくは**意味がわからない上下関係**が嫌いなだけで**「人を敬う気持ちは大事」**という価値観はもっています。

「年齢が自分よりも上だから」というだけで心から尊敬できるんでしょうか。ぼくは「年齢」とか「役職」だけで相手を敬うのは逆に失礼な話だと感じています。

「相手の方が年上だから従うべき、上司だから無条件で敬うべき」と機械的に対応するのではなく、むしろ相手の**人間性や経験値**に目を向けるべきだと考えています。

「年上だから○○しないと」
「年下だからテキトーでいいや」

こんな気持ちからは人を敬う姿勢は微塵も感じられません。「年齢」を基準にすると、「○○歳なのにそんなこともできないの？」「もういい年なんだから結婚（出産）しないといけないんじゃないの？」などと言う人が出てきます。

そんなことを言われて、良い気分にはなりませんよね？

「年齢」を基準にしている人は、目の前にいる人間ではなく**「常識」**を見ています。そのせいで相手の気持ちを思いやることができなかったり、相手自身と向き合えていないのです。

ぼくは人間関係で大切なのは、
「この人は今までどんな経験をし、どんな価値観を持っているんだろう？」

「この人は今どんなことができるんだろう?」

というように、相手の人間性や特技などを理解することだと感じています。

年上でも幼稚な人はいるし、逆に年下であっても、自分にできないことができたり、実際に体験したエピソードを交えた知恵をプレゼントしてくれた時に、

「そんなのぼくにはできない!」

「この人スゴイなぁ!」

と感動するのではないでしょうか。

ゲームの『ドラクエ』で例えると、ゲームを始めたの最初の頃は、スライムなどの弱いモンスターしか倒せませんが、経験値を積んでだんだん強くなっていくとボスを倒せるようになります。

経験値の少ないレベル1の勇者よりもレベル99の勇者の方が強いので、「あの勇者なら魔王を倒してくれるはず」と期待や信頼をされるのです。

現実の世界もこれと一緒です。

だから、年上の人が「俺の方が年上なんやぞ！」って自分から偉そうに言ってきたら、その人のことは**「この人何言っててんねんやろ？　時代遅れかな？」**と思うぐらいでちょうど良いのかもしれません。

ぼくは、ＰＲ業務を担当していた1、2年目に、上司に企画を邪魔され、決裁権がほしくなりました。

そして、人事課の管理職に「大阪府みたいに昇任試験制度をつくってください」と言いました。すると、「キミ、課長なりたいんか？」と言われたので、「はい、決裁権がないとできないことがあります」と言いました。

その後、言われたのが、「キミの説明の仕方もあるんちゃうか」という言葉でした。ぼくは、「若手職員が挑戦できる仕組みは大事です」と言いましたが、在職中に昇任試験制度は実現しませんでした。

年功序列制度は年齢に重きを置いています。

しかし、インターネットで単なる知識は誰もが取り出せるようになったことで、年齢はただの数字となりました。

これからは経験序列で組織運営をしていくことが必要ではないでしょうか。あなたが今まで生きてきた経験で、年上の人よりもできることがきっとあるはずです。

尊敬の対象は「経験値」。

「経験値」があるからこそ周囲から認められたり水平関係のチームを組むことができ、イキイキと働くことができるようになると信じています。

「社会のレール」からの自立

ぼくは広報担当から生活保護担当に異動してから退職をしようと思ったわけではありません。

広報担当になって2年目から、**「仕事を辞めても大丈夫なようになっておきたい」**と思っていました。

そう思ったきっかけは、セミナーや異業種交流会など組織外でイキイキと働いている人と出会った時に、「お仕事は何されてるんですか？」と聞かれ、「公務員です」と答えた時に、自分の専門的なスキルが何かを言えないことに気づいたからです。

「広報・PR力をもっと極めていきたい……このチカラを高めたらきっと自分にとっても奈良県にとってもプラスになる」と信じ、自己投資をしていきました。

広報担当を外れる2ヶ月前から自分のTwitterアカウントをつくりました。そして、自分自身を発信していると、画家のPEYくんと、システムエンジニアの大川さんという2人に出会いました。ぼくらは3人とも、キングコング西野さんの『革命のファンファーレ』を読み、影響を受けていました。

2018年11月18日に、PEYくんと大川さんが主催の交流会に誘ってもらい、大阪市内のある居酒屋で『革命のファンファーレ』に影響を受けた7人が集まりました。

集まったメンバーは多様で、西野さんの絵本『えんとつ町のプペル』の宣伝会議の京都のメンバー、会社経営者、美容師、看護学生など。

ぼくはこの時すでに公務員を辞めようと決意していました。

組織の外には、ドキドキワクワクを大切にして生活している人たちがたくさんいると改めて感じ、その姿に刺激を受けました。


「公務員を辞めるんか？　辞めてもおかしくない時代やしね」


ハシゴをしながら飲んで楽しかった記憶しか残っていませんが、この言葉だけは覚えていました。公務員を辞めるのはこの人たちからすると、おかしくないことなのだと感じたからです。

そして、その後も仕事をしながら個人でＳＮＳで発信し続けていると、あっという間にクリスマスを迎えました。

12月25日の朝に娘がサンタさんからのクリスマスプレゼントを笑顔であけている姿を眺めて、保育園に見送った後、職場に電話をかけ、「退職します」と上司に告げました。

その後、何度か面談を受けた後、係員にも理解してもらい、退職願を提出。

2児の父で家庭があるので、妻にも事前に相談したところ、「辞めるなって言うてもどうせ言うこと聞かへんやろ、私も働いてるし、なんとかしてくれたらええわ」と良い意味で一蹴されました。

一方、実家の父と兄はそう簡単には納得しませんでした。

母がぼくを予備校や専門学校に行かせるためにも頑張って働いていたことを見ていたからです。

「好きなことを仕事にしていきたい」とどれだけ言っても今の時点では理解してもらえないと感じ、「実績を出していけるように頑張ろう」と気合いを入れ直しました。

ぼくの実家は、お互いに向き合うのが苦手でした。大事なことはお互いに言い合ってこなかったのです。家族であっても遠い存在。相談もあまりし合わない。そんな環境でした。

退職までにやっていたこと

・この『グッバイ公務員』の執筆
・ブログで日々の自分を発信
・Twitterで自分の思いを発信しながら交流
・ユーチューバーがどれほど大変かやってみた

これ以外で取り組んだことは、ＰＥＹくんと大川さんから、「ラジオやろう！」と誘ってもらい、２０１８年の元旦から毎晩11時から「関西ＰＥＹちゃんねる」という番組のライブ配信を開始したことです。

この番組のコンセプトは、「自分たちも挑戦しながら、挑戦する人を応援すること」。

1回目の放送のリスナーは最初2人でしたが、毎日配信しているとコミュニティが拡大し、コメントも途切れずもらえるようになりました。

4月まで毎日、計94回配信している中で、出会った人たちとリアルの場、SNSを問わず仲良くしていただき、ぼくがこの本の書籍化を目指してがんばっていること、公務員を退職して成し遂げたいことを応援してくれました。

一人で社会のレールから外れるのは怖いもの。

しかし、応援してくれる仲間がいれば、最初の一歩を踏み出す怖さは少なくなります。

社会のレールから外れたくなったら、職場や学校という狭い世界以外で、共に成長して

いける仲間をつくることをオススメします。

「好きなこと」に没頭すると仕事がやってくる

「退職します」と伝えると、まず言われたのが「これから仕事何するの？」でした。

ぼくは、最も新しい職業と言ってもいい「ユーチューバー」がどれだけ大変なのかを知るために実際にやってみました。

すると、動画1本つくって配信するのに3時間くらいかかることがわかりました。内容の企画から撮影、編集まで行うので大変です。

ぼくが配信したコンテンツは、そうめんレシピでした。

同じ麺類でも、そうめんとラーメンの人気の差が大きい理由は何なのか考えた結果、「レシピ数の差」だと感じました。

そして、そうめん発祥の地・奈良出身のぼくは、そうめんの新しい食べ方を伝える動画を配信しました。

　すると全く予想していなかったのですが、動画編集の仕事を依頼されたのです。依頼してくれたのは、東京都八王子市で視覚障害者の電子音楽制作のイベントなどをおこなっているミナさん。

「イベントの様子を録画してあるので、これを編集していただけませんか？　編集作業のお金は支払うので」というメッセージがTwitterのＤＭに届きました。

　この時は、まだ公務員だったこともあり、無料で動画編集をしました。このことがきっかけでミナさんがある人を紹介してくれたのです。

　それは、視覚障害児をもつお母さんのサポートをおこなっている西田梓さんでした。西田さんから「講演会の様子を動画にしていただきたい」と依頼されたので同じく無料でお受けました。

　西田さんは先天性の全盲で、視覚障害の啓発をおこなう講演会やワークショップをおこなっています。ぼくは、その社会的意義の深い活動や思いに共感し、YouTubeにチャンネルをつくったり、編集した動画をアップしたり、一緒に啓発をするようになりました。

こういった経験から、今はＳＮＳで人と人が出会うことで仕事が生まれている時代なんだと改めて確信しました。

西田さんの言葉で印象的だったのが、「動画編集をしてもらうだけなら他にも頼める人は世の中にたくさんいるけど、私の活動や思いを理解して一緒にやってくれる人を探していたので、このご縁に感謝です」と言っていただいたことです。

西田さんの話によると、視覚障害者の方でスマホを利用されているのは５０００人ほどだそうです（２０１８年4月現在）。また、iPhoneには、音声読み上げ機能「ボイスオーバー」が標準搭載されているんですが、使い方がわからない視覚障害児をもつお母さんたちがたくさんいるといいます。

そこで西田さんがiPhoneの使い方を発信することによって、視覚障害者ならびにサポートをする方もiPhoneの使い道がわかり、情報が得られやすくなるんじゃないかと感じ、動画制作に協力しました。

動画配信したところ、視覚障害者の方をはじめ、多くの方から好評価をいただきました。


「こんなにクリアに音声が聞こえるんだ！」

「iPhoneの凄さは障害者の方への配慮も徹底的ですね」

「携帯ショップの店員さんでも知らない人がいるので見てもらいたい！」（視覚障害者の方）

公務員ではなくても障害の啓発はできる。ぼくは、公務員は職業というより、社会に貢献するマインドを持った人であってほしいと思っています。


好きなことに没頭していたらスキルは必ずつきます。

そして、そのチカラを必要としてくれる人はいます。

好きなことで人や社会に貢献できることは、ものすごくやりがいを感じるし、幸せな気持ちになります。

この経験から、**好きなことに没頭している自分をドンドン発信していくことをオススメします。**

発信しない限り見つけてもらえるはずがないし、仕事に結びつくはずがないのです。

公務員だからできないこともある

あなたは寄付を募ったことがありますか?

近年、テクノロジーの進歩によって、スマホでも資金が集められるようになりました。

例えば、**polca（ポルカ）**というサービスがあります。これは、**自分が実現したい企画を立て、それを実行するために必要な資金を友だち同士で集めることができるサービス**です。

ある友人の影響を受け、公務員退職後に挑戦してみました。退職後、外出先のカフェで仕事をすることが多くなり、コーヒー代や交通費がかさんでいました。

『グッバイ公務員』を集中して書きたいことや、これらの事情を説明して寄付を集めてみたところ、36時間で１５５００円が集まり、目標金額の１００００円をクリアすることができました。

支援してくれたのは、ふだんからＳＮＳでコミュニケーションをとっていた仲間や仕事を依頼してくれている人たちでした。

このpolcaは、支援してくれた代わりに「お返し」を設定することができます。

ぼくが設定したリターンは、大きく分けて次の２つ。

・あなたの「ストレスを下げる記事」を書きます
・あなたの「挑戦ストーリー記事」をつくります

ぼくがブログを書く目的は、人に貢献するためです

ここでいう「貢献」の意味は、退屈をしている人であれば「退屈を埋めること」ですし、何かに悩んでいる人であれば「その悩みを解消すること」です。

誰のために書いているのかハッキリしていない記事を書くよりも、仲間や知り合いが困っていることに貢献しながら記事を書く方が意義深いと思い、このpolcaを利用したのです。

すると、予想外のことも起きました。

「リターンいらないよ！　普段からお世話になってるから！」

という人が多数現れたのです。ふだんから信頼関係ができている人や、ぼくの挑戦を応援してくれている人の存在を知ることができて、とてもうれしかったです。

今、インターネット上で資金を集めるサービスは、このpolca以外にもクラウドファンディングなどがあり、個人、NPO団体、企業、自治体が利用しています。

※クラウドファンディング

インターネットを通してクリエイターや起業家が不特定多数の人から資金を募ることを言います。群衆（cnowd）と資金調達（funding）を組み合わせた造語で、製品開発やクリエイティブ分野などで利用されることが多いです。

（クラウドファンディングサイトCAMPFIREホームページより引用）

以前、クラウドファンディングの運営会社3社に電話で問い合わせをしてみましたが、**公務員が個人的に利用することはグレーゾーン。コンプライアンスに耐えられないため実質不可能**です。

また、職場でクラウドファンディングで事業を立ち上げようと思ったこともありますが、そこでぶち当たったのが予算の縛り。年度途中にクラウドファンディングで資金を募ったとしても、歳出の予算枠がないのです。次年度にクラウドファンディングをやることを計画して予算要求しておかないといけません。仮に１００万円の予算枠を作っておいても、１１０万円の支援が集まった場合、予算枠は１００万円しか用意していないので、多く集まった10万円は受け取ることができません。

さらに**年度途中の補正予算を組むには、議会の承認**がいります。このクラウドファンディングでの補正予算を組んだ前例がないと対応してもらうのは難しいでしょうし、**「クラウドファンディングってなんや？　わかるように説明して！」**と言われ、説明に苦労することも予想されます。

税金は確実に事業実施のための支援金が集まることが約束されているクラウドファンディングのようなもの

クラウドファンディングは、金のなる木ではありません。プロジェクトの参加者を増やし、共に成功を目指して取り組むものです。ですから、事業のビジョンや進捗状況（予算の使い方を含め）を可視化しなければ参加者も理解者も現れません。

クラウドファンディングの仕組みを理解している人は、「あれ？　税金って確実に事業実施のための支援金が集まることがあらかじめ約束されてるクラウドファンディングみたいなもんじゃやね？」と、気づきだしているのではないでしょうか。

つまり、これからの時代、自治体は事業の可視化をしっかりおこなっていくことや、**時流を感じて新しいサービスを使いながらプロジェクトを実行していくことが求められているのです。**

生を自分で決定できる社会にしていきたい！

書籍・雑誌出版

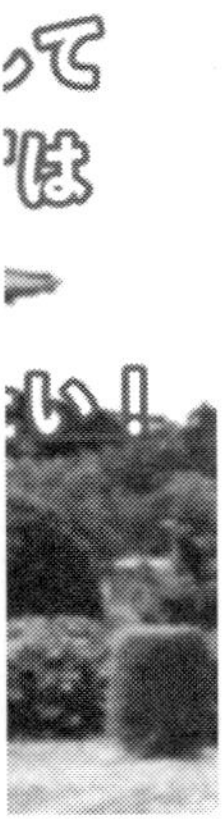

¥ 現在の支援総額

609,806円

115%

目標金額は529,806円

パトロン数

115人

募集終了まで残り

終了

う――。安定
うかな」と
も何かでき

おめでとうございます

このプロジェクトは、**2018-06-23**に募集を開始し、**115人**の支援により**609,806円**の資金を集め、**2018-07-30**に募集を終了しました

QR コード

誰もが自分の思いをゴマ化さず、自分の人生

Haru Mizuki

もう"社会の安定のレール"は無い。だから自分の人生は自分の意思で決定しよう の代名詞「公務員」として14年間働いた経験を本にし、漠然と「公務員になろう 思っている人に、今一度自分の人生について考えていただく機会や、「自分にも る！」と勇気をもってもらえるキッカケを作りたい！

シェア　いいね！　ツイート　LINEで送る　埋め込み

クラウドファンディングが登場したことで、**「やりたいことがあるけど…お金がかかるから無理だ…諦めよう」と思って挑戦できない時代は終わろうとしています。**

いつか挑戦してみたいと思うことがあるのであれば、個人・組織を問わず、日頃から社会貢献しておくことが重要だと感じた出来事でした。

自分の人生を他人任せにしてはいけない

ぼくが35年間生きて没頭できたのは、次の通りです。

▼学生時代…漫画・アニメ、ゲーム、バスケ、エレキベース
▼公務員時代…ＰＲ業務に必要なこと

高校受験や大学受験を理由に、好きなことよりも勉強を優先させてきた人が多いかと思

います。しかし、大事な「今」を先延ばしにし続けているとどうなるでしょうか？

「とりあえず大学へ行ってから……」
「とりあえず就職してから……」
「定年まであと○年……」

老後までぼくたちは自由に自己表現することを許されないのでしょうか？

ぼくは、公務員という職業を通じてＰＲ業務という天職に出会えました。今後はこのスキルをさらに磨き、自由に自己表現していきたいと考えています。

役所は**組織全体のことを考えて人事異動をおこないます。その中で希望通りの業務につくことはなかなか難しい**のです。

最後に経験した年度途中の人事異動があったのは、ぼくを含めて７名。**ぼく自身が得たＰＲのスキルを活かす、適材適所を考慮した異動ではないと感じ、退職を真剣に考えるき**

っかけになりました。

横並びの学校教育を受けて新卒で公務員の行政職として採用された職員は、営業力やPR力、経営スキルなどの能力に差はありません。

むしろ、それまでにどんな**「好きなこと」に没頭し、どんな経験値を積んできているかによって差が生まれます。**

猿が大好きすぎて大学で猿の研究をしていた時に統計・相関係数などの知識を得ていたことが、たまたま自殺対策の調査で役に立った「Sくん」や、元々カメラ撮影が趣味でPR担当になって活躍している「Hさん」などを見ているとそう感じるのです。

一度切りの人生を組織に預けてしまって良いか

先ほども少し書きましたが、「上司へ意見すると関係がマズくなるからここは黙っておこう」と自己抑制をかけてしまう人がいます。嫌われて職場に居づらくなるリスクをとろうとはなかなか思えないでしょう。ホンネでは「何言ってんだコイツ」と思っていてもその場は我慢し、後でそれをネタに飲みながら発散することでなんとか働いている人はどんな業界にもいるでしょう。

この本を読んでいる学生のみなさんは、どこでどんなふうに働くことになろうと、学生の内になるべく心を自由にして好きなことに没頭してください。

それがあなたを守る武器になるとぼくは断言できます。

AI・ロボットから一番遠い存在になりたい

AIやロボットが職業を奪っていく時代が到来

先日、司法書士や法律系の事務をおこなっている知人が、「**これから仕事がAIに奪われていく**」と言っているのを聞きました。

法律に則っておこなう作業は、AIで機械的に判断するほうが正確性が保たれて良い場合もあるようです。テクノロジーの進化による自然な流れなのかもしれません。

事故車のヘコミなど、見た目をなおす板金塗装の仕事をしていた人の話によると、自動車メーカーのスバルでは、「アイサイト」(衝突の危険がある場合、運転手に注意してくれたり、回避操作がない場合はブレーキをかけてくれるシステム)が導入され、追突事故が約8割減少しているとのこと。事故が減ったことにより、板金塗装の仕事が減り、彼は転職活動をすることになりました。

自動運転システムが普及した場合、ドライバーの代替になっていく未来も予想されます。

こういう時代を若者はどう見ているのかを知りたくて、知人の高卒社会人で20歳のじりぃくんと話をしてみました。

すると彼は、「終身雇用の会社なんてないし、会社自体生き残っていけるかわからないので、これから3年、5年、10年先をどんなふうに働いていくかを考えています」と言っていました。

ＡＩが発達すればするほど、人間から「作業的な仕事」が奪われていきます。このことについてポジティブな見方をすれば、**人がストレスを感じる「作業」をしなくても良くなっていくと言える**のですが、そのために仕事を失う人が出てしまうのは大きな問題となります。

しかし、どうあがいてもＡＩ・ロボットの進化と普及の流れには逆らえません。

そうなると、**人に感謝・感動を与え、その対価として報酬を得るという「エンタメ型」**

の職業で働いていくか、今までにない新しい職業をつくっていく必要があります。

「公務員にはクビが無いんじゃないの？」という質問に対して

この質問をもらうことがすごく多いです。
確かに公務員は民間企業に比べると、雇用面や給与面は安定していると思います。
しかし、次のような自治体の場合はどうでしょうか？

「子どもを学校に通わせようと思っても地域に子どもがいない」
「病院がない」
「地域に魅力や活気がなく未来の姿がイメージできない」

地域課題が多く、魅力が低いと感じられている自治体に地域外から引越して住みたいと感じる人は少ないでしょう。住民も転出し、最悪は自治体が消滅する可能性もあるのです。

住民が少なければ、職員も少なくていいですし、住民がゼロになれば職員もゼロになる。つまり**公務員であっても給与の大幅カットやクビになる可能性はある**と、ぼくは考えています。

そうなるかならないかは、自治体経営はもちろん、そこで暮らす住民のみなさんがまちの魅力を高めていく行動をとるかとらないかで未来は変わってくるのではないでしょうか。

また、仮に定年まで勤め上げたとしても65歳から20〜30年どうやって生きていくのか。

これからは公務員や民間企業を問わず、また、組織で働くか個人として働くかも問わず、「AIやロボットにできなくて、周りの人よりもできること」を武器に生き抜いていく気持ちが必要になります。公務員でもこんな状況なんです。

絶対的に正しい「社会のレール」はもう存在しない。

リスクをとらないことがリスクになる可能性もあります。

ぼくはこのように考え、**自分が没頭できる「好きなこと」を武器に仕事をして生きていこうと決心したのです。**

第4章　公務員退職後に挑戦すること

物語を創造できるのは人間だけ

第4章では、「公務員退職後に何をしていくのか」についてお話しします。

公務員退職後、大きく分けて**2つの活動**をおこなっていきます。

①ストーリークリエイター
②ルイーダ（仮）プロジェクト

「ストーリークリエイター」が誕生した経緯

ぼくが公務員としてPR業務をおこなっていた時に最も没頭できたことは、**社会を豊かにするために何かに挑戦している人の活動内容や思いをドキュメンタリー映像や記事で伝える業務**でした。

出演者のキャスティングと台本構成、そのチェックと撮影、現場での立ち会いなどをおこない、編集後の放送内容を見た後、その出演者に好感と尊敬の念を抱いていたのです。

この経験から、情報を伝えるのはもちろんですが、**「物語」を伝えることが最強のPR方法だと理解しました。**

人間はAIやロボットのように完璧になんてならなくて良い

人間は、計算・処理速度や、その正確性ではAIやロボットには敵いません。

「AIやロボットにできなくて人間にしかないものは何だろう?」と考えた結果、それは「人間性」だと理解しました。ぼくの言う**「人間性」**は、思いやりと情熱です。思いやりとは、相手の立ち場を考えて「もしかしたらこういうことを求めてるんじゃないか?」と想像するイメージ力です。あともう1つの「情熱」は、「○○したい!」という自主性のことです。AIやロボットにはこの「人間性」がないので、**「人が感動する物語は人に**

しか創ることができない」と思っています。

仮に、**「世界初！　AIやロボットが創った物語！」**と発表された映画を見たいとは思いません。AIやロボットの特技は「効率性」であり、**「非効率でアナログな人間の気持ち」を表現することはできない**と感じてしまうのです。

まだ無名だけどすごいことをやっている人のことを伝えたい

ぼくは、自殺対策の業務をおこなっている時、自分自身のPR力の無さに悔しい思いをしていたのですが、そもそも学校でPR力を高める学習なんて行われていません。

しかし「社会にとってすごいこと」をやっているのに、PR力が無いというだけで、その活動や熱い思いが埋もれてしまっている現実に強い違和感を感じるのです。

【挑戦者にPR力が無いことによって起こる負のサイクル】
知られるチャンスが少ないので活動や人間性を理解されにくい
←
仕事のオファーが来ない
←
生活が苦しくなる、または活動停止・廃業
←
社会やまちを豊かにしようとする挑戦者が少なくなる
←
社会やまちが元気にならないし、「企業や役所以外で働いて生活するのは難しい」と感じる人が増え、働き方や生き方に多様性が生まれない

この【負のサイクル】の流れを断ち切る必要があります。

自分が愛するまちや社会をもっともっと良くしたい
自分が好きなことで生きていきたい

そんな思いを持った人が挑戦し、成長していく姿こそが、視聴者や読者の胸を打ちます。それが感謝や感動、応援の気持ちを生み、「自分も何かに挑戦したい！」という新たな挑戦者が生まれていくと信じています。

挑戦者の存在を伝えていく方法としては、動画以外にも記事があります。挑戦者の人間性がわかる詳細プロフィールや活動内容を発信し、**その人と新しい仲間や支援者をつなげていくこともサポートしていきます。**

ぼくは、このように考え、「社会を豊かにする挑戦者」の活動や思いを伝える**「ストーリークリエイター」**という職業を作り、活動することを決意しました。

「ルイーダ（仮）プロジェクト」で、教育とまちづくりをアップデートする

ＡＩやロボットが人々から職業を奪っていく（代わりにやってくれる）時代になっていくので、**人々の感謝や感動を生み、その対価として報酬を得る「エンタメ型」の仕事をしていくか、新しい職業を作っていく必要があります。**

ぼくが思う「エンタメ型の仕事」がどんな仕事かというと、例えば、劇団四季のようなパフォーマンスを行う人であったり、歌手や漫画家、小説家、飲食店経営など、これまでの時代では「それでメシが食えるのか？」と言われる部類のものになります。

ぼくはバスケットボール選手や、ロックバンド、美容師などの道への憧れはありましたが、「それでメシが食えるのか？」という言葉に負け、親が望んだ公務員になりました。

前半7年は機械的に、残り7年は違和感を抱きながらも自主的に働いてきました。

しかし、全ては**この道を選んだ自分の責任です。**

学生時代に自分自身の気持ちを抑え込んで、安易に「社会のレール」に乗ろうとしたからであり、35歳になるまで自分の好きなことで生きていくことを決断できなかった自分の責任なのです。

これからは、ぼくと同じように好きなことで生きていきたいという人が挑戦できる仕組みを作りたいと考えています。

また、公務員は退職したものの、自殺はもちろん、児童虐待やDV、いじめなどいろんな「世の中からあってほしくない社会問題」を解決していきたいと考えています。

あなたはこんなふうに悩んでいませんか？

- **自分が何をしたいのかわからない**
- **好きなことでどうやって生活していけるのかわからない**

・仲間がいない、同じ立場の仲間と集える場所がない
・好きなことをして生活できている先人と出会える機会がない

この問題をクリアできないから自分らしい生き方を選べないのではないでしょうか。

「教育が時代にマッチしていないこの状況でこういった問題を解決していくためには、いろんな人の助けや仲間が必要になる……いや、もっといえば、「コミュニティ」が必要不可欠だ！」と思い、「ルイーダ（仮）プロジェクト」を考えました。


『ドラゴンクエストⅢ』で登場する**「ルイーダの酒場」**をご存知ですか？

この酒場は、**勇者が魔王を倒すために一緒に旅に出る、戦士や魔法使いなどの仲間を探す場所**になっています。これはゲームの話ですが、リアルの世界に置き換えてみましょう。あなたが何か新しいことに挑戦しようとした時、仲間を見つける場所はあるでしょうか。

奈良県内でフリーランスとして活動している友人のれいちぇるから、**「奈良で起業家やフリーランスと出会うことができていない」**と言っているのを聞きました。

好きなことで生きていきたい挑戦者や、社会問題を解決するために立ち上がろうとする人たちのネットワーク形成ができていません。実際にこういった目的で集まることができる店舗型の拠点がないのです。

そこで、ぼくは**「ルイーダ（仮）」という新時代の寺子屋兼コワーキングスペース兼酒場と、ゲストハウス**が必要だと感じました。

この拠点を作り、そこに大学生や起業家、フリーランスなど多様なメンバーが集えるようにします。

そこで出会った人たちが力を合わせ、新しいビジネスをつくったり、まちを元気にするプロジェクトを生み出し、実践していけるようにしていくことができれば、まちは活気を取り戻します。

この拠点は、夜は酒場に変身。
エンタメ溢れる交流スペースとして利用します。

家族、学校・会社以外のコミュニティが求められている

離婚・非婚率は年々増加し、非正規雇用率は40％を超えている時代になっていることから、**家族や会社が全ての人にとってセーフティーネットとして機能するとは限らなくなっています。**

「ルイーダ（仮）」は、家族や学校・会社でもない、まちの中にある**「第3のコミュニティ」**となることを目指します。

地域活性の源は、何かに挑戦したい意識の高い大学生

「新時代の寺子屋」の具体例として、例えば、**「ラーメン屋になりたい！」**という大学生、「麺太郎くん（仮名）」がいるとしましょう。

ぼくが「麺太郎くん」からそう言われたら、**「ラーメン屋にどうしたらなれるか考えよう！」**と答えます。

そして、ぼくが「麺太郎くん」に信頼できる友人のコースケさんを紹介します。コースケさんは、京都で「ラーメンこんじき」というラーメン屋を3店舗経営しています。

コースケさんには、**「ラーメン屋になりたいっていう学生がいたらルイーダでラーメンセミナーをやってくれますか？」**と頼んでいて、**「言ってくれたらいつでもやるよ！」**とスタンバイしてくれています。

親や先生、周りの友達が「そんなに人生あまくないぞ！」と言っていたとしても、その人たちはラーメン屋ではないですよね？

ラーメン屋になりたいのであれば、ラーメン屋を経営している人から学ぶのが一番良いのではないでしょうか。

例えば、奈良の「ルイーダ（仮）」でコースケさんの「ラーメンセミナー」に参加した人たちは、

「ラーメンってこんなに作るの大変なんだ！」
「ラーメン屋の経営ってそんなふうにするんだ！」

こんなふうに感じ、知識と経験値がアップしていきます。

さらにラーメン屋に興味のある「麺太郎くん」やセミナーの参加者は、奈良の「ルイーダ（仮）」のゲストハウスでコースケさんと交流してもらいます。

京都住まいのコースケさんなので、ゲストハウスに泊まってもらうのです。ゲストハウスがあれば、**名古屋や広島など全国から気軽に講師に来てもらうことができます。**

この経験をきっかけに「麺太郎くん」が、修行を積み、奈良市内にラーメン屋をオープンしたら奈良市内においしい飲食店が1店舗増え、まちの魅力が向上するわけです。

これからの時代で必要なのは、「点をとる学習塾」ではなく**「好きなことでメシが食えるようになる、現代版の寺子屋の機能をもった拠点」です。そんなふうに個人の夢を叶えることが地域の繁栄につながるとぼくは信じています。**

ラーメン屋はほんの一例ですが、大学に通っているうちから自分の興味のある分野で先を行っている起業家とフリーランスから学び、好きな事を仕事にできるようになっておくことはとても大切です。

ぼくは役所や会社勤務がダメと言っているのではなく、好きなことでメシが食えるようになってから、役所や会社で働くのか、起業家やフリーランスとして働くのかを考えられた方が生き方に幅が広がるのではないかとお伝えしたいのです。

「ルイーダ（仮）」で、年齢や立場を越えて多様な人たちが交流し、その中からプロジェクトが生まれ、まちの中にこれまでにないドキドキワクワクするお店やサービスを展開していけば、まちの魅力はドンドン高めていけると考えています。

安心して好きなことに没頭してもらえるようにしたい

受験や就活をする時に、好きなことに没頭する時間が奪われます。

「安定した企業や役所に入ることを目指してがんばることこそが正しい選択」という価値観が、個人の繁栄や可能性を小さくしています。

これからの時代を生き抜くために必要な考え方は、「自分にはこの武器がある！　これで生きていける！」と胸を張って言えるくらい、好きなことに没頭することだと信じています。

ぼくは、何かにアツく挑戦している人が好きです。そんな人には「ルイーダ（仮）」に入ってもらい、一緒に挑戦者の支援や社会問題の解決に立ち向かっていきたい。

「この人はすごい！」と思った人のストーリー制作もしていきます。そして、そのストーリーをきっかけに活動しやすくなってもらいたい。

ストーリーによってその人の人間性が伝わり、良い出会いが増えていけばこれほど幸せなことはありません。そんな場所や機会を作りたいと考えています。

時代は『ドラクエ』に追いついた

あなたが住んでいるまちが、いきなり人格を持ち出して、「オッス！　オラ今から元気だすぞ！」と言いながら住んでいる人たちを笑顔にするわけがないですよね。

精神保健福祉士の同僚と自殺対策の業務をしていた時、**住んでいる人たちのメンタル面**

を含めて健康じゃないと地方創生とか地域活性化なんてありえないと思っていました。

メンタルが健康的であるためには、**自分の存在価値をコミュニティの中で発揮し、やりがいや生きがいを感じられることが大事**ではないでしょうか。

第3章でも少しお話ししましたが、今は超介護時代です。

親の介護があるために、残業できない人や、会社に通えずに在宅勤務しかできない人がいます。そういった人は、在宅勤務を認めてもらえないと、能力があるにも関わらず働くことができず、最悪は退職することになります。組織にとっても個人にとってもマイナスでしかありません。

職員が働きやすい労働環境を整備していない自治体や会社には人が集まらなくなっていくでしょう。

今は、個人がやりがいや生きがいをもって生活できるようになることが必要だと感じています。そんな**個人同士が集合体を作り、まちを元気にしていける仕組みが必要だと確信**

しています。

まちを元気にしたい人ってどんな人?

ぼくは今まで、奈良と大阪の一部のエリアでしか生活したことがありません。そんなぼくが「東北や北陸地方を元気にしたい!」と心から思えるかというと、正直そこまでの思いは今のところありません。というのも、土地勘もないし、友達もいないので、そのまちへの興味はなかなか湧いてこないのです。住み慣れた奈良や大阪を元気にしたいとは心から思っています。

Twitterであるアンケートをとってみました。(回答数150)

「地元愛がありますか?」という質問です。

「地元愛がある」と答えた人の割合は約7割でした。ぼくが「奈良・大阪を元気にした

い！」と思うのと同じように、東北や北陸、九州地方にも「まちを元気にしたい！」と思っている人がいるのです。

「ルイーダ（仮）」は新時代の寺子屋兼コワーキングスペース兼酒場と、ゲストハウスというパッケージで日本各地に店舗を点在させていく構想なんですが、その店舗を経営するのは、そのまちのことが大好きな人にしか不可能です。ぼくは、そんな人と友達になりたい。

「あの人に会える！」とワクワクする気持ちが、会いに行く行動のきっかけになるわけです。そんな友達が日本の各地にできると想像しただけで、とてつもなく楽しみになりませんか？

全国でこの「ルイーダ（仮）プロジェクト」を展開し、「それでメシを食えるようになるにはどうしたらいいか一緒に考えよう！」という言葉を使う人が増えていってほしいのです。

また、そこで社会問題を解決するプロジェクトを立ち上げて、まちの中でドンドン実践していけば、最終的には日本全体が元気になっていくと信じています。

このプロジェクトに共感された人は、仲間になってもらえるとうれしいです。

特に店舗が物件の課題となっているので、空き店舗を持っているけど活用に困っている人がいれば一緒に考えて行動していただきたいです。

店舗のリノベーションはクラウドファンディングでプロジェクトを起こしてみんなで実行していきたいと考えているので、その時は参加とご協力をよろしくお願いします。

時代はようやく、ぼくが子どもの頃に夢見ていた『ドラクエ』に追いついたのです。

「トークンエコノミー」で新時代のまちづくりを

公務員時代のことです。ある先輩「Sさん」がいきなり「ぼく、仕事を辞めて高知で地域おこし協力隊になるんだ。その方が自分らしくいられるから♪」と明るくあっけらかんと言ってきたのです。この先輩のように「自分らしくいられるローカルに住みたい人」がこの本を読んでいる人の中にもいるのではないでしょうか?

自治体が消滅する可能性もあると言われている時代。

今後は全国各地のローカルは、独自色を強め、それをしっかり発信していかないと生き残れないようになっていくでしょう。

あなたが住んでいる自治体は
どんなビジョンでまちづくりを進めているか

自治体の予算の大半は、国からの**地方交付税交付金**に頼っています。これは所得税や酒税、法人税など規模が大きいもので、自治体間の財政格差を無くすために再分配されるものです。

自治体の予算は単年度で執行されるので、**3年、5年、10年といった長期計画で実行することが保障されません。**

ぼくも事業を担当している時、「今年はこの事業の予算が確保できたけど、来年はどうなるかわからないな……」と思っていました。

しかし、**テクノロジーが発達し、これからは予算の財源、お金の問題をクリアできる可能性**が出てきました。その鍵は、最近話題になっているビットコインなどの**仮想通貨の仕組み**にあります。

地方自治体ICOの可能性

このICO（Initial Coin Offering）の略で、**「新規仮想通貨公開」**という意味です。これは個人や企業、自治体などが、仮想通貨を発行して販売することで資金調達できる仕組みのことです。

仮想通貨は、**「トークン」**と言われる個人でも発行できるものです。

横文字なのでわかりにくいと思いますが、ANAのマイレージやTSUTAYAのTポイントカードなどをイメージしていただくとわかりやすいのですが、こういうポイントカードの効果は、**お客さんを企業の経済圏に所属させるために発行**されています。世界最先端の電子国家と言われているエストニアは**国でICOを検討**しているようですし、岡山県の西粟倉村も地方自治体ICOの実施を決定しました。

それでは、具体的に地方自治体ICOについて考えてみましょう。

例えば奈良市がトークン「N」を発行したとしましょう。

奈良市は、世界遺産や伝統工芸などもあり、年間の観光客数は、1631．4万人（平成29年度同市調べ）とポテンシャルに期待できる自治体です。しっかりとしたまちづくりの長期ビジョンを示し、未来の奈良市の姿を発信することによって、**「N」を所有する人が大量に現れ、お金が集まってくる**ことが見込まれます。

「N」は転売することもできます。

奈良市の魅力がアップすればするほど「N」の価値は高まるので、この「N」を所有し、経済圏に所属している人たちの中から、奈良市内の景観を綺麗にするためにゴミ拾いや植栽などの地域活動をする

トークン発行でまちづくりのための財源を確保

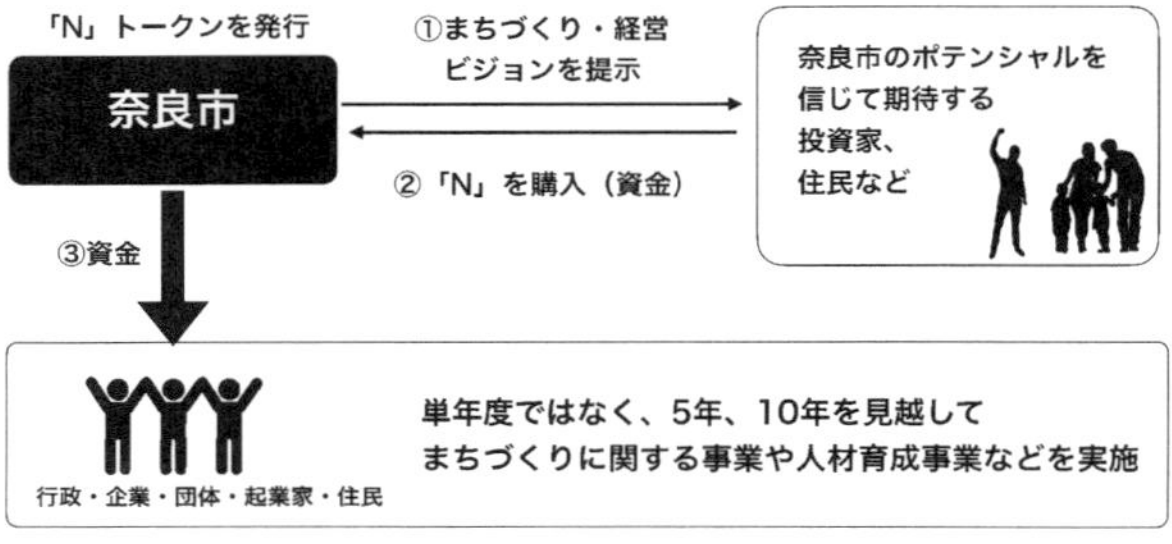

人が出てくる可能性があります。奈良市を訪れた人たちも、「奈良市って良いところだな」と感じ、「N」を欲しがる人が出て来るかもしれません。

このように**「N」の経済圏に所属する人が多くなればなるほど、（世界中から）お金が集まり、国に頼らずとも財源を確保し、まちづくりに投資していくことができます。**

この経済圏のことを**「トークンエコノミー」**といいます。この「N」は、**奈良市に関わる全ての人の利益享受を実現するもの**になります。また、「N」を所有するだけではなく、奈良市内のお店で実際に使えるようにできるともっと普及する可能性があり

トークンエコノミーのイメージ

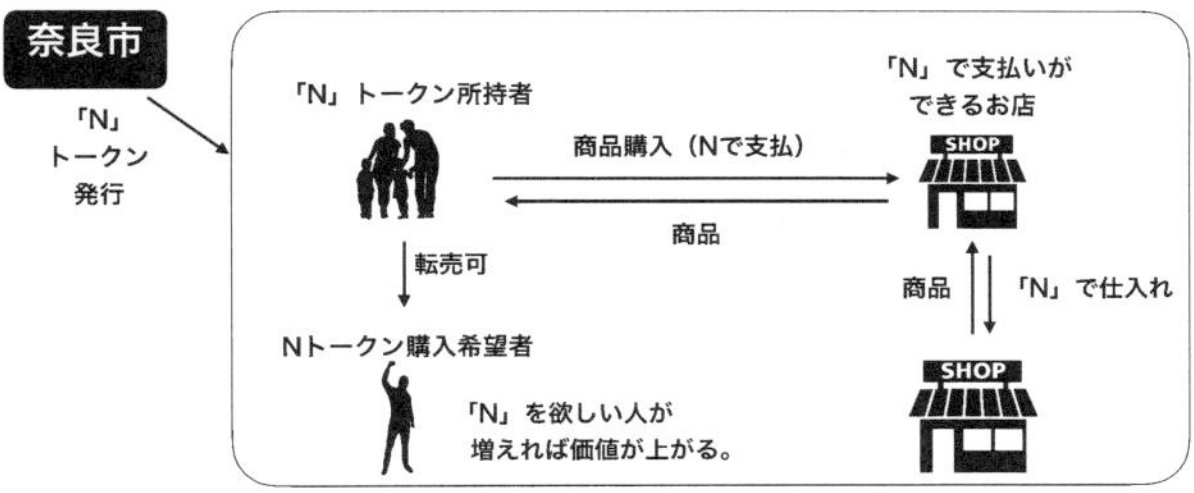

ます。

しかし、この新しいテクノロジーを使って自治体が「よし！　じゃあやろう！」と言って実際に行うとは正直思えないのです。

現在の奈良市長、仲川げん（本名・元庸）氏は42歳（２０１８年9月現在）で首長としてはお若いですが、このＩＣＯの取組を行おうとすると、**仮想通貨の仕組みに馴染みのない人たちが、「そんな危ないものに手を出すな！」と声をあげることが予想できます。**他の自治体でも、市町村長は年齢層が高く、株や金融商品に馴染みのある資本主義経済の時代であり、新しいものに対して思い込みが生じやすいため、仮想通貨に馴染むことは難しい。また「値動きがすごい」というイメージが強いのでおそらくなかなか勇気をもって実行できないと考えています。

そこでどうするか。

「ルイーダ（仮）」でやってしまえば良いと考えています。**トークンは「個人でも」発行**

できるものだからです。

先ほど、「ルイーダ（仮）プロジェクト」は地元愛の有る人しかできないと説明しましたが、保守的な自治体がICOを検討しなければ、**各地の「ルイーダ（仮）」でそれぞれ独自のICOを検討すれば良い**のです。「トークンエコノミー」を作ったり、クラウドファンディングを行うなどして、自治体の弱点を補完するのです。1つ先進的なモデルを作れば、自治体は「こんなやり方があるんだ！」と気づき、地方自治体ICOを徐々に検討していく流れになると考えています。**自治体は真似るのは上手**ですから。

もう1つのやり方として**「ルイーダ（仮）」独自の仮想通貨（仮に「L」とします。）を発行するやり方**です。

「ルイーダ（仮）プロジェクト」は、全国各地に「ルイーダ（仮）」という拠点をつくり、教育とまちづくりをアップデートする構想です。「L」によって、「ルイーダ」のトークンエコノミーを作れば、それを財源にして人材育成のための教育や、まちを豊かにするプロジェクトを展開していくことができます。

「ルイーダ（仮）」の経済圏が盛り上がれば、「L」の価値は高まっていくことが考えられます。

また、この場合は、全国の「ルイーダ（仮）」のどの店舗でも「L」が使えるようになります。

例えば、「L」でセミナー参加料を払えたり、夜の酒場で食べ物や飲み物代金を払えたり、ゲストハウスの宿泊料を払うことができます。

「L」は『ドラクエ』でいう経験値を数値化したものにできればおもしろいのではと考えています。

これからの時代は、自治体の力を借りずとも、まちづくりを行っていくことができるのです。

これから日本各地のローカルがどうなっていくのかワクワクしています。

おわりに

この『グッバイ公務員』を書籍化できたのは、クラウドファンディングで支援してくれた115人と、プロジェクトを応援してくれたみなさんのおかげです。

最後にこの本が生まれたストーリーをお伝えしたいと思います。ぼくは、この本を2018年の2月から書き始め、書籍版の原稿を書き終えたのは5月8日のことでした。

その後、書籍化していくためにまず、縦書き原稿のレイアウトにしてページ数を計算し、印刷会社から見積をとって必要経費の529，806円を積算しました。

そして、クラウドファンディングで書籍化を目指したいと発信し、「グッバイ公務員宣伝会議」というグループを作り、そこに入ってくれたメンバーに原稿のチェックや、クラウドファンディングのプロジェクトページの内容を客観的に見てもらって何度も修正し、ようやく6月23日にクラウドファンディングで書籍化のプロジェクトを起こしました。

実施期間は、38日間。オール・オア・ナッシング方式（目標金額を達成しなければ自分には1円も入らない）を選択し、ぼくの公務員退職後初めての大きな挑戦が始まりました。

プロジェクト開始後、主に支援してくれたのは、「公務員を辞めます」とブログやSNSで発信し始めた2017年11月頃から出会った仲間や友人が中心。みんなのおかげで開始一週間で支援額は102，035円になりました。

しかし、そこから支援のペースが停滞。プロジェクト終了日の10日前の7月21日時点の支援額は、169，035円。目標達成率は約32％でした。

ぼくは、この約20日間、積極的にクラウドファンディングのPRを行っていなかったのです。というのも、「支援してください！」とばかり言っている人をこれまで見ていて、違和感を抱いていたからです。

「ぼくのことを全く知らない人に支援してもらうためには、支援者にメリットがあって、社会にとって良い影響をもたらすものだと伝える必要がある」と感じながら、自分のプロジェクトを客観的に見た時、決定的な弱点を発見しました。「グッバイ公務員」の購入はしてもらっているけど、ストーリークリエイターとしての看板商品の、人生ストーリーの記事制作や、ドキュメンタリームービーの制作の購入が全く行われていなかったのです。

「人生ストーリーのメリットを伝える必要がある！」
「どれくらいのクオリティかわかるように映像作品を見てもらおう！」

そう思い、ドキュメンタリームービー×3本の制作に没頭していたら、あっという間に7月21日になっていました。支援者からの応援コメント一覧を見ていると、ある人物からのコメントが目に止まりました。
「応援しています！　頑張ってください！　京都でハイボール飲みましょう！（ＨＩＲＯ）」

この「京都でハイボール」というのは、支援のリターン内容の一つである「書籍化達成飲み会」のこと。広報担当として一緒に働いていた後輩の彼は、ぼくのプロジェクトの達成を信じて追加支援してくれていたのです。

「この状況でも達成することを信じて支援してくれているんだから、諦めたらダメだ！　絶対に達成したい！」

そう思ったぼくは、「なぜこの書籍化のプロジェクトを達成したいのか」を伝えるため、SNSとブログで動画配信を開始しました。

「とにかく自分のことを知ってもらって、思いを伝える！　それしかできない！」と思い、キングコング西野さんのオンラインサロン内にある「クラファン部」にも投稿しました。

すると、FacebookとTwitterで動画をシェアしてくれる方が続出。それに伴い、次々と支援をいただきました。

7月26日時点で、支援額が258，035円となり、目標達成率が約49％に。

「終了日まであと4日！　がんばって！」

「HARUさんを達成させたい！」

プロジェクトへの支援や応援は盛り上がり続け、ついに、ドキュメンタリームービーの購入が入りました。

「キングコング西野さんのオンラインサロン繋がりで支援させて頂きました。ハルさんの想いに共感し、是非支援させて頂きたいと思いました。応援しています！」（『これが伝説の勇者カレー』の王様役、久保田廣史さん）

さらに、長身女性専用の和風アパレルブランド「ATEYAKA」のプロデューサーの大倉加奈子さんからもドキュメンタリームービー制作の購入があり、一気に勢いが増し、ついにプロジェクト終了前日の7月29日に目標金額を達成したのです。

また、この挑戦がキッカケとなり、京阪奈情報教育出版の加藤さんともつながり、この本を出版することになりました。

覚悟を決めれば、たった1年で人生は大きく変わる

支援していただいた115人の名前の一覧を見ていると、あることに気づきました。

一年前には出会っていない人が100人以上。

つまり、クラウドファンディングに馴染みがあるかどうかも関係していると思いますが、公務員として14年間働いていた時に出会った人よりも、ここ一年間で出会った人が圧倒的に支援・応援してくれたということです。

この経験から、嫌われないように空気を読みながら人付き合いをすることよりも、「自

分はこういう人間です」とか「私は○○したい！」と、ホンネを伝えてつながった人との関係を大事にする方がいいという価値観が生まれました。

誰もが自分の人生という物語の主人公だ

「役所や企業で働くのが当たり前」ではありません。

自分が進みたい道があるのなら、理解の無い大人ではなく、その道で先を行っている人から学んだ方が良い。ぼく自身、いくら周りのせいにしても何も変わりませんでした。自分の人生は自分で決めるものだし、ロボットのように扱われながら、「他の誰か」になんてならなくて良いじゃないですか。あなただからこそ、人々に感謝や感動を生み出せる力がきっとあるはずです。

こんなふうに思っているので、何か新しいことにしようと思っているあなたの「挑戦」

を心から応援します。
ぼくと一緒に挑戦してくれる人や、悩んでいる人はTwitter（@harumizuki423）へメンションかＤＭをください。

長くなりましたが、最後まで読んでいただき、ありがとうございました。

公務員退職後、何も実績が無い自分でしたが、クラウドファンディングを達成し、この本を書き終えることができ、チャンスの扉が開きました。本当に感謝しています。

グッバイ、公務員。

あらためて公務員だった自分に別れを告げ、これからプロジェクトの達成に向けて挑戦し続けていきます。

今、あなたは、どんな自分になりたいですか？
一番ワクワクすることはなんですか？

２０１８年９月

ＨＡＲＵ

【著者紹介】

HARU（ハル）

「ストーリーは、爆発だ！」を信念に、挑戦者を支えながらドキュメンタリー映像・記事制作をおこなっている。著書「グッバイ公務員」を書籍化して世の大学生に伝えていくためのクラウドファンディングをおこない、38日間で115人から609,806円の支援を得る。元公務員歴14年。

京阪奈新書
グッバイ公務員 ～チャンスの扉～

2018 年 11 月 25 日発行　初版第一刷発行

著　者：HARU
発行者：住田　幸一
発行所：京阪奈情報教育出版株式会社
〒 630-8325
奈良市西木辻町 139 番地の 6
URL://narahon.com/　Tel:0742-94-4567
編　集：加藤なほ
印　刷：共同プリント株式会社

ISBN978-4-87806-753-2

京阪奈新書創刊の辞

情報伝達に果たす書物の役割が著わしく低下しつつある中、短時間で必要な知識や情報の得られる新書は、多忙な現代人のニーズを満たす活字文化として、書店の一画で異例の繁栄を極めている。

かつて、活字文化はすなわち紙と印刷の文化でもあった。それは、人々が書物への敬意を忘れなかった時代でもあり、読書を愛する者は、知の深淵へと降りていく喜びと興奮に胸を震わせ、嬉嬉としてページを繰ったのだった。

日本で初めて新書を創刊した出版界の先達は新書創刊の目標として、豊かな人間性に基づく文化の創出を揚げているが、活字文化華やかしころの各社の新書の中からは、文化を創出する熱い志（こころざし）に溢れた古典的名著が数多く生まれ、今も版を重ねている。

デジタル時代の今日、題名の面白さに凝ったおびただしい数の新書が、入れ代わり立ち代わり書店に並ぶが、昨今の新書ブームには、アナログ時代の新書にはあった大切なものが欠落してはいないだろうか。

ともあれ、このたび我が社でも新書シリーズを創刊する運びとなった。

高邁（こうまい）な理想を創刊理念として掲げ、実際に人生や学問の指標となる名著が次々と生まれた時代への熱い思いはあるが、適度な軽さもまた、デジタル時代のニーズとしてとらえていくべきだろう。

とにもかくにも、奈良にどっしりと腰を据えて、奈良発の『知の喜び』を形にしてゆきたい。

平成二十九年　晩秋

京阪奈情報教育出版株式会社